Sperling/Wasseveld
Führungsaufgabe Moderation

W0039924

Peter Harris gewidmet.

Führungsaufgabe Moderation

Besprechungen, Teams, Projekte kompetent managen

von
Jan Bodo Sperling
und
Jacqueline Wasseveld

4. Auflage

Die Deutsche Bibliothek – CIP-Einheitsaufnahme

Sperling, Jan Bodo:
Führungsaufgabe Moderation : Besprechungen, Teams, Projekte
kompetent managen / von Jan Bodo Sperling und Jacqueline
Wasseveld. – 4., durchges. Aufl. – Planegg : WRS-Verl., 2000
(WRS-Betriebs-Praxis)
ISBN 3-8092-1424-8

ISBN 3-8092-1424-8   Bestell-Nr. 00604

1. Auflage 1996 (ISBN 3-8092-1221-0)
2., durchgesehene Auflage 1997 (ISBN 3-8092-1267-9)
3., überarbeitete Auflage 1998 (ISBN 3-8092-1333-0)
4., durchgesehene Auflage 2000

© 2000, WRS Verlag Wirtschaft, Recht und Steuern GmbH & Co., Fachverla
Postanschrift: Postfach 13 63, 82142 Planegg
Hausanschrift: Fraunhoferstraße 5, 82152 Planegg
Telefon (0 89) 8 95 17-0, Telefax (0 89) 8 95 17-2 50
http://www.wrs.de, E-Mail: online@wrs.de

Lektorat: Dipl.-Kauffrau Kathrin Menzel-Salpietro

Satz: Satz+Layout Peter Fruth GmbH, 81671 München
Umschlaggestaltung: Buttgereit & Heidenreich, 45721 Haltern am See
Druck: J. P. Himmer GmbH & Co. KG, 86167 Augsburg

Vorwort

Es vergeht kaum ein Monat, ohne daß die Management-Fachwelt einen neuen Modebegriff in die Welt setzt mit dem kundgetan wird, welche Management-Methode zukünftig angesagt ist. Das vorliegende Buch enthält keinen solchen neuen Begriff, sondern beschreibt – ohne Modeworte – Moderation als eine Basisfähigkeit für Führungskräfte, die von den beiden in Wirtschaft und anderen Organisationen gleichermaßen erfahrenen Autoren verständlich und praxisnah dargeboten wird. Gesunder Menschenverstand richtig eingesetzt, so wird in diesem Buch deutlich, reicht vielfach nicht nur aus, sondern oftmals auch weiter, wesentlich weiter als klangvolle Schlagworte sogenannter Managementtheorie.

Das Autorenteam Jacqueline Wasseveld und Jan Bodo Sperling macht deutlich, daß unter den heutigen gesellschaftlichen Bedingungen Führen nicht länger beschränkt sein kann auf das hinlänglich bekannte Instrumentarium des Vorgesetzten. Das Buch zeigt in anschaulicher Weise, wie Moderation Prozeßkompetenz nutzt und damit eine intensive Beteiligung der Mitarbeiter ermöglicht und fordert. Die Beteiligung der Mitarbeiter bei der Zieldefinition, der Ideenfindung und den Entscheidungsprozessen ist gerade für bereichs- und hierarchieübergreifende Zusammenarbeit in zunehmend vernetzteren Organisationen Voraussetzung, um bei rasch wandelnden Rahmenbedingungen flexibel reagieren zu können, um gegebene oder entstehende Freiräume selbstverantwortlich zu nutzen, um Innovationen und innovatives, kreatives Handeln möglich zu machen.

Häufig sind Besprechungen und Sitzungen mit großen Frustrationen verbunden. Mit Moderation als Instrument angewandter Prozeßkompetenz kann hier erheblich Zeit gespart, rascher und unter stärkerer Beteiligung aller Sitzungsteilnehmer ein gemeinsam getragenes Ergebnis und Konsens über das weitere Vorgehen erzielt werden. Die Folge ist eine stärkere Motivation und ein größeres Engagement der Mitarbeiter. Durch gute Moderation können bisher ungenutzte Potentiale und Stärken der Mitarbeiter erkannt, eingesetzt und weiterentwickelt werden.

Heute wird von Führungskräften erwartet, daß sie situativ angepaßt vom schnellen Entscheiden und Durchsetzen bis zur Delegation der Entscheidungen an die Mitarbeiter unterschiedlich Führungsstile einsetzen können. Neben der klassischen Führungsrolle, die auch heute noch in bestimmten Situationen ihren Sinn hat, wird zunehmend von der Führungskraft erwartet auch Förderer und Coach der Mitarbeiter zu sein. Dieses Buch gibt dem Leser ein Führungsinstrumentarium an die Hand, das flexibel unterschiedlichen Führungssituationen und Erwartungen an gute Führung angepaßt werden kann.

Thomas Weegen
Geschäftsführer
Coverdale Team Management Deutschland GmbH

Inhaltsverzeichnis

Wozu dieses Buch? 1

Es gibt einige empfehlenswerte, in der Praxis bewährte Bücher über Moderation. Wozu wollen wir ein weiteres Buch zum Thema Moderieren auf den Markt bringen? Warum glauben wir, daß zu den vorhandenen guten Büchern noch eines hinzugefügt werden sollte?

Weil wir in vieljähriger Tätigkeit in Managementberatung und -training in der Industrie, im Dienstleistungssektor, in gesellschaftlichen und politischen Organisationen die Notwendigkeit sowie das Entstehen einer neuen, erweiterten Form von Moderation als Basisfertigkeit jeder Führungskraft beobachtet haben – und beobachten. Der bisherige visualisierende, strukturierende Spezialist mit dem Moderatorenkoffer erweitert sein Repertoire, bewegt sich Schritt für Schritt in Richtung Führungskraft und – viel wichtiger –, die Führungskräfte entwickeln sich umgekehrt mehr und mehr zu Moderatoren und zu Coaches. Alle und überall. Diese Entwicklung ist relativ neu und noch keinesfalls allen Beteiligten voll bewußt. Sie ist bedeutsam für die Führungskräfte von heute im modernen, veränderten Arbeitsprozeß und soll deshalb in diesem Buch beschrieben und erläutert werden.

Der Zweck des Buches liegt eindeutig auf der praktischen Anwendung. Es wendet sich an jeden, der mit einer oder mehreren Gruppen von Menschen arbeitet, an alle, die mit der Steuerung von Gruppenprozessen zu tun haben. Neben dem rein technischen Werkzeugkoffer des Moderators wird vor allem der logische Ablauf eines Arbeitsprozesses beschrieben. Die dargelegte Vorgehensweise soll dem Moderator und der von ihm moderierten Gruppe als „roter Faden" dienen. Sie erleichtert die Zusammenarbeit und beugt vielen Konflikten im Arbeitsalltag vor.

Moderation im Arbeitsprozeß ist seit Jahren eine wachsende Begleiterscheinung und zugleich eine Folge der Modernisierungs- und Demokratisierungsentwicklungen unserer Arbeitswelt. Über- und Unterordnungen haben sich in den beiden letzten Jahrzehnten gelockert. Gesellschaftliche Emanzipation verändert die Verhaltensweisen am Arbeitsplatz. Distanzen und Abschottungen werden in Frage gestellt. Abteilungen und Schnittstellen werden zunehmend als hinderlich erkannt und weichen den aktiven Bemühungen um grenzübergreifende, integrative Verhaltens- und Reaktionsweisen.

Menschen fordern Mitbestimmung und erwarten Beteiligung an Entwicklungen und Entscheidungen. Ihre Bereitschaft zur Übernahme von Verantwortung steigt. Moderne, anpassungsfähige Industrien nehmen „Abschied von der Hierarchie. In der künftigen Organisationsform werden feste Strukturen und mehr flexible Formen der Zusammenarbeit nebeneinander existieren" *(Hagemann, Seite 24)*. In diesem mehr und mehr partizipativen Umfeld verliert der ‚Vorsitz' und die weitgehend direktive Funktion des Vorsitzenden an Bedeutung. Gefragt ist eine andere Form von Leitung, von Führung in allen Bereichen: „Führen heißt fordern, fördern, Feedback geben, aber nicht mitspielen" *(Fuchs, Seite 35)*. Mit anderen Worten: Coachen und Moderieren!

Wie Führung sich von der Vergangenheit bis heute entwickelt hat, verdeutlicht die *Abb. 1 auf Seite 11*. Hat sie sich bis vor wenigen Jahren hauptsächlich auf fachliche Kenntnisse und Kompetenzen gestützt, werden heute in zunehmendem Maße Prozeßkompetenzen *(Siehe S. 138 ff.)* benötigt, um den sich geänderten Anforderungen im Arbeitsalltag gerecht zu werden.

Die Führungskraft von heute und morgen braucht deshalb verstärkt Moderationsfähigkeit und Moderationstechniken. Dabei stellen sich zwei unterschiedliche Einsatzmöglichkeiten heraus:

– das thematisch und zeitlich begrenzte Moderieren von Zweckgruppen, wie Projekt-, Problemlösungs- oder Kreativgruppen; Gruppen also, die einen gemeinsamen Auftrag erfüllen wollen, und

– das dauerhafte Moderieren von einem oder mehreren Mitarbeitern als Element eines kooperativen, produktiveren Führungsstils.

Nicht nur gesellschaftliche, sondern auch technologische und unternehmerische Entwicklungen verlangen nach Moderation als neuer Form von Leiten, von Koordinieren, von Führen. Wir beobachten eine „dramatische Steigerung der Komplexität. Man hat nicht mehr alles einfach ‚im Griff'. Der rasante gesellschaftliche und strukturelle Wandel bedingt eine zunehmende Vernetzung vieler Bereiche. Das Führungsgeschäft selbst ist insgesamt schwieriger geworden" *(Hofer, Seite 67. Siehe auch: Pitcher, Das Führungsdrama)*.

Mehr Disziplinen, mehr fachliche Spezialisierungen, immer komplexere Problemstellungen, die über das Wissen und die Erfahrung eines

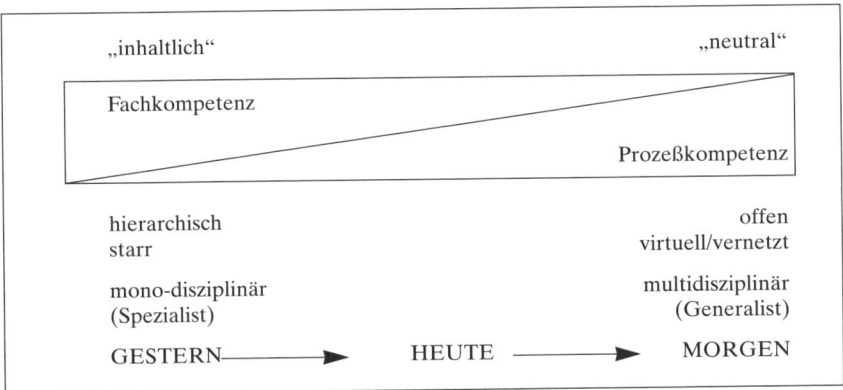

Abb. 1: **Entwicklung der Kompetenzen für Führungskräfte**

einzelnen längst hinausgehen, machen neue flexiblere Zusammenarbeitsformen in Projektgruppen und fachübergreifenden Teams notwendig. „Teams werden die wichtigsten Bausteine für die Hochleistungsorganisation der Zukunft sein. Als Folge werden sich erfolgreiche Top-Manager zunehmend sowohl um Leistung als auch um die Teams Gedanken machen, die dabei helfen werden, sie zu erbringen." *(Katzenbach, Seite 310)*.

Diese Teams sind ohne Moderation kaum noch denkbar. Hier wird die herkömmliche, hierarchische Autorität der Führungskraft ergänzt oder gar ersetzt durch eine neue prozeßbezogene Autorität, die auf Prozeßkompetenz basiert. Dabei ist Prozeßkompetenz die Kunst, zwischenmenschliche Interaktionen möglichst reibungslos zu steuern und auf ein gewünschtes Ergebnis auszurichten. Alle Beteiligten sollten dabei einen hohen Grad an Zufriedenheit erreichen *(Siehe auch: Moran, Effektives Team Coaching)*.

Moderation wird zu einer Basisfertigkeit jeder Führungskraft.

Moderation finden wir schließlich als wichtiges Instrument von Führung und Koordination im gesamten Dienstleistungsbereich. Da insbesondere die produktions- oder unternehmensorientierten Dienstleistungen (Forschung und Entwicklung, technische Planung/Logistik, Beratung, Finanzierung/Leasing, Marketing) einen enormen Zuwachs erfahren, sowie die Grenzen zwischen Dienstleistungen und Produkten fließender werden, bekommt das Moderieren als strukturierende, koordinierende und optimierende Funktion im zwischenmenschlichen

Bereich zusätzlich einen beachtlichen Auftrieb. Auch der zukünftige Zuwachs gemeinschaftsbezogener Dienstleistungen wie Wissenschaft, Bildung oder Informationsvermittlung wird die Bedeutung von Moderation als adäquate Führungs- und Steuerungsfunktion weiter steigern.

Und noch ein Dienstleistungssektor wird sich dem Moderieren zunehmend erschließen: Die ehrenamtlichen und freiwilligen Helfer in den Bereichen Kirche, Alten- und Gesundheitspflege werden in Zukunft erheblich zunehmen. Ein Gebiet, in dem es wenig hierarchische Strukturen geben wird und deshalb um so mehr Bedarf für Prozeßsteuerung, für Systematisierung, für zielgerichtete, geordnete zwischenmenschliche Interaktionen abzusehen ist. Wer bereits Erfahrungen gesammelt hat mit den zeitaufwendigen, in ihrer Ziellosigkeit frustrierenden Zusammenkünften im Rahmen vieler kirchlicher und sozialer Benefizveranstaltungen, der weiß, wie wichtig es für zukünftige Entwicklungen sein muß, hier durch kompetentes Moderieren Abhilfe und Verbesserung zu schaffen.

Weil wir in der tagtäglichen Praxis der Unternehmen und Organisationen den aufgezeigten Bedeutungszuwachs des Moderationsbedarfs ständig spüren, soll das im Wandel befindliche Wesen der Moderation erläutert werden.

Das Buch soll helfen, Führungskräften die ganz spezifische Bedeutung von Moderation an ihrem eigenen Arbeitsplatz zu verdeutlichen. Wir haben dieses Buch geschrieben, um die Erkenntnisse und Erfahrungen aus jahrelanger Trainings- und Beratungsarbeit mit deutschen und internationalen Führungskräften aller Ebenen festzuhalten und für die unmittelbare praktische Umsetzung verständlich und anwendbar zu machen.

Einführung 2

2.1 Welche Rolle übernimmt ein Moderator?

Der Begriff ‚Moderator' ist uns ursprünglich im Fernsehen begegnet. Dort ist der Moderator die Weiterentwicklung des Ansagers. Frauen und Männer, die im Fernsehen die verbindenden Worte sprechen und für den Fortgang sowie das pünktliche Ende der Sendung verantwortlich sind, nennt man Moderatorinnen und Moderatoren*. Sie verbinden die Wortbeiträge anderer, und sie bringen – meistens durch die richtigen Fragen zum richtigen Zeitpunkt sowie durch kurze prägnante Zusammenfassungen – eine gewisse Ordnung in den Sendungsablauf. Die bekannte Fernsehmoderatorin Nina Ruge beschreibt das in ihrem Buch folgendermaßen: „Und Moderieren heißt nun mal ‚vermitteln'. Nicht ich bin wichtig, sondern die Sache um die es geht" *(Ruge, S. 248)*. Der kreative Beitrag von Fernsehmoderatoren ist dabei das Verbinden, das Brückenbauen, das Zusammenfassen, das Weiterführen und schließlich das Zusammenfügen von Einzelteilen zu einem Ganzen. Selten oder nie wird man erleben, daß sie inhaltlich relevante Aussagen zum Thema der Sendung beisteuern.

Dabei fällt auf, daß die moderierende Person oftmals deutlich hinter den anderen zurücktritt. Sie schafft das Verbindende, Ordnende sozusagen aus dem Hintergrund. Moderieren kommt sprachlich von lat. *moderare* = mäßigen. Auch das italienische Wort *Moderato* als musikalische Vortragsbezeichnung bedeutet: mäßig bewegt. In der Physik finden wir den Begriff Moderator als Bezeichnung der Neutronenbremse, mit deren Hilfe die Abbremsung der Neutronen erreicht wird *(Knaurs Fremdwörterbuch, Seite 278)*.

Aus diesen Bemerkungen geht bereits hervor, was auch für das Moderieren von zwischenmenschlichen Arbeitssituationen, von Gruppen, von Prozessen wichtig ist: Die Moderation, die moderierenden Personen sollten eher gemäßigt, bescheiden, mehr aus dem Hintergrund agieren und keinesfalls aufdringlich, machtvoll, beherrschend oder gar andere zurückdrängend im Vordergrund stehen. Ihre Funktion ist verbindend, hilfreich für andere und für anderes.

---

* Wir benutzen im weiteren Verlauf dieses Buches den Begriff Moderator und meinen damit aber sowohl den männlichen Moderator als auch die weibliche Moderatorin.

13

Im amerikanischen Englisch ist der Moderator ein *facilitator,* eine Person also, die Dinge, Abläufe, menschliche Interaktionen erleichtert. Der Begriff *moderator* ist im Englischen erst vorsichtig im Kommen, man kann ihn keinesfalls schon überall voraussetzen. Deshalb wird man häufig noch auf Formulierungen stoßen wie: „Who takes the chair?", „Somebody ought to lead the discussion!" etc.

Seifert definiert Moderation folgendermaßen:
„Moderation" bedeutet im ursprünglichen Sinne Mäßigung und steht in der Moderationsmethode für:
- eine spezifische Grundhaltung des Leiters/Moderators;
- die Arbeit nach einer bestimmten Methodik;
- die Verwendung spezieller Hilfsmittel und Materialien.

Die Moderationsmethode wird heute einerseits zur Qualitätszirkel-, Lernstatt-, Mitarbeitergruppen- oder kurz KVP-Arbeit und andererseits in der Durchführung von Workshops, Projektgruppensitzungen, Besprechungen usw. verwendet. Ein kompletter Moderationszyklus kann – je nach situativen Gegebenheiten – Wochen in Anspruch nehmen, aber auch schon innerhalb einer Stunde abgeschlossen sein" *(Seifert, Seite 77).*

Doch welche Funktionen, welche Rolle hat der Moderator dabei? Um das zu klären, ist es wichtig, zunächst nach den Zielen der verschiedenen Interaktionen zwischen Menschen zu fragen.

Geht es um das Erarbeiten eines konkreten Ergebnisses, wie beispielsweise für einen Projektauftrag? Soll am Ende des Prozesses ein ganz bestimmtes Produkt erstellt und ein genau definiertes Ziel erreicht sein? In dem Fall dient die Moderation diesem Ergebnis und muß dafür sorgen, daß die mitarbeitenden, mitdiskutierenden Teilnehmer die Möglichkeit haben, dieses Ziel zu erreichen. Der Moderator hat in diesem Fall zusätzlich zu der Verantwortung für den Prozeß auch eine besondere Form von Ergebnisverantwortung: Er steuert und lenkt den Prozeß, er erleich-

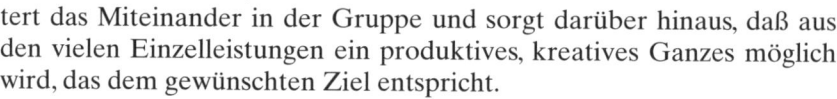

tert das Miteinander in der Gruppe und sorgt darüber hinaus, daß aus den vielen Einzelleistungen ein produktives, kreatives Ganzes möglich wird, das dem gewünschten Ziel entspricht.

Ist der Zweck der Interaktion eher die Lösung eines Problems, die Schlichtung eines Konflikts, das Führen einer Verhandlung, so wird die Moderationsfunktion eher schlichtend, Brücken bauend, verstehend, abwägend, „diplomatisch" auszuschauen haben. Statt ein konkretes Produkt abzuliefern, wird der Moderator eher gefordert sein, einen Gleichgewichtszustand, einen Ausgleich herzustellen.

In beiden Fällen ist der Moderator sowohl den Moderierten, also der Gruppe, dem Team, gegenüber in der Verantwortung sowie auch einem möglichen Auftraggeber, beispielsweise dem Vorgesetzten.

Beiden Verantwortungen muß er Rechnung tragen:

– Bezüglich der *Moderierten* in erster Linie hinsichtlich des Prozesses. Hier muß er sich die Frage stellen: Habe ich den Prozeß so steuern können, daß alle Beteiligten auf ihre Kosten gekommen sind, sich mit all ihren Potentialen haben einbringen können, mit dem Ablauf zufrieden waren und ihn motiviert für zukünftige Arbeiten beendet haben?

– Bezüglich des *Auftraggebers* vor allem hinsichtlich des Ergebnisses. Hier muß er sich – gemeinsam mit der Gruppe – fragen, ob das Produkt den Erwartungen des Auftraggebers entspricht, ob die gesetzten Erfolgskriterien erfüllt wurden, ob der Auftraggeber mit den Beteiligten und deren Leistung wie auch mit der Leistung der Moderation zufrieden ist. Er muß dafür sorgen, daß er sowohl die Interessen des Auftraggebers als auch die Bedürfnisse der Moderierten beim Prozeßablauf berücksichtigt. Dabei sind ein gut gestalteter Prozeß und ein inhaltlich hochwertiges Ergebnis meist eng miteinander verbunden.

Auf jeden Fall hat der Moderator eindeutig eine Art ‚Hebammenfunktion' als Dienstleister für die Gruppe. Er ist Motor und Wächter des Prozesses. Keinesfalls mehr! Moderator sein, kann nicht bedeuten, inhaltliche Lösungswege aufzuzeigen. Der Moderator muß der Gruppe der Moderierten nicht zu Inhaltlichem, Fachlichem Rede und Antwort stehen können. Kurz: Er braucht keinen inhaltlichen Könnens- und Wissensvorsprung zu haben. Ein Moderator ist kein Alleswisser, Selbermacher oder Vorprescher. Er kann und sollte jederzeit offen sagen, wenn er inhaltlich Verständnisschwierigkeiten hat, von der Sache wenig versteht, kein Experte des behandelten Metiers ist.

Die von ihm moderierte Gruppe erwartet von ihm keine inhaltlichen Lösungen, sondern prozeß-methodische Hilfen. Der Moderator ist Experte für Moderationsmethoden. Er muß den zu Moderierenden aus den gruppentypischen Problemen von Chaos, Sich-im-Kreise-drehen und Marathongesprächen heraushelfen.

„Die üblichen Debatten ungeschulter Menschen sind in der Regel durch wechselseitiges Mißverstehen, Hervortreten exhibitionistischer Charaktere, Unlogik und Unsachlichkeit gekennzeichnet" *(Rattner, Seite 58)*. „Eine Gruppe entartet rasch zum intellektualistischen Quasseln, zu wechselseitigen Aggressionen, zu dekompensierten Debatten..." *(Rattner, Seite 30)*. Mögen diese Feststellungen auch vielleicht manchem übertrieben erscheinen, der Moderator sollte jedoch auf alle Fälle methodisch in der Lage sein, derartigen Schwierigkeiten einer Gruppe abzuhelfen. Nicht nur „ungeschulte" Menschen zeichnen sich in Debatten durch wechselseitige Mißverständnisse usw. aus. Sobald wir inhaltlich betroffen sind, fällt es vielen von uns schwer, noch sachlich einen optimalen Prozeß des Miteinanders zu unterstützen. Darum ist es hilfreich, einen Moderator als Helfer dafür zu haben. Auch ausgebildete Moderatoren geben deshalb die Moderation in Phasen persönlicher Betroffenheit ab.

Der Begründer der internationalen Trainings- und Beratungsfirma Coverdale in England, der Jesuit und Psychologieprofessor Ralph Coverdale, hat eine eindrucksvolle Formulierung gefunden, für das, was von einer modernen Führungskraft erwartet werden muß: *Getting things done together with other people*. Genau diese Forderung gilt auch für den Moderator.

Arthur Young schreibt in seinem Manager-Handbuch: Als Moderator müssen Sie „Ihr Team dazu anspornen, vernünftiges und stützendes Verhalten zu üben. Damit Probleme und Risiken ojektiv bewältigt und die individuellen Fähigkeiten der Teammitglieder optimal genutzt werden. Das Team muß sich auseinandersetzen mit
- den Persönlichkeiten und Schwächen/Stärken der einzelnen,
- dem Expertensyndrom: „Ich weiß hier Bescheid, denn es ist mein Fachgebiet",
- Beziehungen, Umständen, die sich dauernd verändern.

Um Teams erfolgreich führen zu können, müssen Sie sich von der anstehenden Aufgabe lösen und den Prozeß untersuchen, der zu effektiver Teamarbeit führt. Stellen Sie fest, was das Team effektiver macht als die Summe seiner Einzelteile. Sie stützen den Prozeß, wenn Sie einen konsequenten Ansatz zur Lösung von Problemen verfolgen. Dazu gehört:

- die Charaktereigenschaften und das Fachkönnen der einzelnen Mitglieder berücksichtigen,
- stützendes Verhalten im Team fördern,
- ein offenes, gesundes Klima schaffen,
- dafür sorgen, daß das Team Zeit zur Beurteilung des Leistungsverlaufs hat." *(Young, Seite 166 f.)*

Was Young hier über den Teamleiter schreibt, gilt ebenso für den Moderator und seine Aufgaben.

Dasselbe hat wiederum auch für die Dauerfunktion der Moderation als Fertigkeit partizipativer Mitarbeiterführung Gültigkeit. Modernes Personalmanagement stellt an die Führungskraft eine vollkommen neuartige, noch nie dagewesene Forderung: Der Vorgesetzte muß lernen, den Mitarbeiter als den Kunden seines Führens anzusehen. Diesem Kunden gegenüber hat die Führungskraft, der Fach- oder Hierarchie-Vorgesetzte, eine Moderatorenfunktion.

Moderieren bedeutet, den Prozeß zu fördern und nicht inhaltlich zu lösen.

Es obliegt nämlich seinen Moderationsfähigkeiten, den/die Mitarbeiter zum Liefern von Beiträgen, von Leistungen, von Weiterentwicklungen zu motivieren und dabei zu unterstützen. Beiträge und Leistungen, die oftmals weit über das hinausgehen, was der Vorgesetzte selbst beitragen oder leisten könnte, ganz einfach weil der Mitarbeiter weit mehr in der Komplexität des bearbeiteten Feldes steht als der Vorgesetzte und natürlich auch, weil führen heißt: „Getting things done together with other people!"

Diese Forderung darf nicht bedeuten, andere zu manipulieren. Das würde gegen die gebotene Offenheit verstoßen. Denn Manipulation bedeutet vor allem, andere Menschen in Richtung auf Ziele zu beeinflussen, die diese nicht kennen, die nicht offengelegt wurden, die man ihnen (bewußt) verheimlicht hat. Moderation kann und darf nur Ziele verfolgen, die gemeinsam mit den Beteiligten geklärt, gesetzt und vereinbart wurden.

In der Wirtschaft wird die Frage „Was ist Moderation?" häufig mit Hinweisen auf den kompetenten Umgang mit Pinnwänden und dem Moderatorenkoffer beantwortet. Mit Moderation verbinden die meisten Menschen Vorstellungen von großen braunen Packpapierbögen und Moderationsmaterialien wie bunten Kärtchen, Klebepunkten und dicken Filzschreibern.

Diese Auffassung veranlaßt, auf die geistigen Väter der Moderatorenkoffer zu verweisen: die Gebrüder Schnelle und ihre Trainingsfirma Metaplan in Hamburg-Quickborn. Die Herren Schnelle und ihre Mitarbeiter der ersten Stunde haben das unbestrittene Verdienst, mit ihren Ideen und Techniken zum Thema interaktionelles Lernen und Arbeiten den Weg zur modernen Moderation bereits in der Zeit unmittelbar nach dem Zweiten Weltkrieg geebnet zu haben. Ihre Metaplan-Kommunikationskarten an Wänden und Pinboards sind heute aus einer Moderationssituation nicht mehr wegzudenken.

Die Visualisierungstechniken der Gebrüder Schnelle sind noch immer die Grundlage vieler Moderationsszenarien, obgleich sie von einer Reihe bekannter Firmen weiterentwickelt und heute unter Bezeichnungen wie „Ganzheitliches Lernen", „Moderation" etc. produziert und vertrieben werden. Dennoch ist die ursprüngliche sogenannte Kartenabfrage nach Schnelle noch immer das zentrale methodische Instrument, eine interaktionelle Situation durch eine Frage oder These simultane und sichtbare Äußerungen aller auszulösen, so daß Spannung und Neugier unter den Lernenden entsteht,

– ob die eigene durch andere Antworten bestätigt wird,
– ob andere Antworten zur eigenen in Widerspruch stehen oder
– ob andere Antworten das eigene Wissen ergänzen.

Daraus entsteht eine Dynamik, die in Gang gesetzte Interaktion fortzusetzen, um Widersprüchlichkeiten zu klären, Überraschendes zu bewerten, neue Fragen oder Thesen zu formulieren. Aus dem Aneinanderfügen interaktioneller Situationen und visualisierter Informationseingaben entstehen interaktionelle Lernsequenzen zum Kennenlernen, Vertiefen und Erproben neuen Wissens *(Schnelle, Seite 6)*.

Wir fassen in diesem Buch jedoch die Moderation sehr viel weiter. Karten, Pinnwände, Flipcharts und Moderatorenkoffer sind nur Mittel zum Zweck. Moderation bleibt nicht bei den Metaplantechniken stehen. Sie bleibt auch nicht auf das Lernen, auf den Fortbildungsbereich beschränkt, sondern sie muß verstanden werden als eine neue Führungsaufgabe, um arbeitsteilige, multidisziplinäre Abläufe zu steuern und zu befruchten. Moderation ist ein Ausgleichs- und Optimierungsinstrument für Gruppenprozesse am Arbeitsplatz und damit auch ein bedeutendes, für viele Einsatzbereiche passendes Werkzeug für Führungskräfte von heute.

2.2 Wer soll moderieren?

Wie schon ausgeführt, hatte früher der hierarchische Chef oder aber der fachlich hochspezialisierte Vorgesetzte sozusagen automatisch den Vorsitz, die Leitung in Besprechungen, Meetings, Zusammenkünften – egal welcher Art. Er lud ein, er gab die Tagesordnung vor, er leitete die Sitzung. Damit hatte er in der Regel auch einen unanfechtbaren Informationsvorsprung vor den eingeladenen Teilnehmern, der ihm das Leiten erleichterte. Häufiger Zweck solcher Zusammenkünfte war denn auch schlicht und einfach eine Informationsvermittlung. Oder sollte man Informationsausgabe sagen?

Auch das Einholen von Informationen oder das Abfragen von Leistungen, Beiträgen und Zusagen war ein Thema, das häufig in dieser Form bearbeitet wurde. So diente die Sitzung als ein Kontroll- oder Erledigungsinstrument.

In dieser Form war der Vorsitz nicht nur Tradition, Ritual, sondern auch eindeutig Besitzstand, Privileg. Als Hierarch oder als führender Spezialist hatte man ein Recht auf den Vorsitz und ließ sich das überhaupt nicht streitig machen. Wir könnten dieses Recht heute Aufgaben-, Fach- oder hierarchische Autorität nennen. Autorität, die sich aus Aufgabenstellungen, Hierarchien oder Fachspezialisierungen ableitet und aufgrund dieser Voraussetzungen – und nur deshalb – vom Unternehmen, von der Hierarchie, von der wie auch immer gearteten Struktur oder dem System gegeben, delegiert oder verliehen ist. Wer diese Voraussetzungen nicht hat, der kann über diese Art von Autorität nicht verfügen. Sie ist damit per definitionem ungleich.

Der heutige Moderator dagegen ist keine Autoritätsperson im Sinne eines fachlichen Wissensvorsprungs oder einer hierarchischen Stellung. Er muß sich auf eine andere Art von Autorität stützen, auf die Prozeßautorität, die häufig auch als Sozialkompetenz bezeichnet wird. Er muß die zwischenmenschlichen Prozesse, mit denen er es in Meetings, Besprechungen, Sitzungen zu tun hat, so zu steuern verstehen, daß ihm von dieser besonderen Fertigkeit her die dafür nötige Autorität zuwächst.

Prozeßautorität ist damit nicht gegeben oder verliehen, sondern genommen, ergriffen, erworben, indem prozeßorientierte Methoden und Vorgehensweisen, die der Gruppe, den Beteiligten, den Moderierten helfen, ihre Ziele zu erreichen, beherrscht werden. Da sie von jedermann, der diese Methoden beherrscht, zu jeder Zeit aufs Neue genommen, ergriffen, eingesetzt werden kann, ist sie nicht ungleich, sondern für alle Beteiligten gleich. *(Siehe S. 139, Übersicht 16.)*

Die Bemerkungen über den Besitzstand sind für die Moderation außerordentlich wichtig. Im Gegensatz zum Besitzstand des Vorsitzes ist der Besitzstand bei der Moderation nämlich nicht gegeben – und darf auch nicht gefühlsmäßig damit verbunden werden. Moderation ist eine Dienstleistung für die Gruppe, für die Beteiligten – kein Privileg!

Damit hat der Moderator auf diese Dienstleistungen auch kein Monopol. Die anderen Beteiligten, die Moderierten, können – ja sollen – sich durchaus an dieser Dienstleistung beteiligen, wenn das dem Fortschritt des gemeinsamen Tuns hilft. Sie können Moderationsaufgaben übernehmen, wann und wo immer es sinnvoll ist. Ein Moderator muß sich also hüten, hier falsche Eifersüchteleien ins Spiel zu bringen. Er würde sonst seine Kräfte auf einem unproduktiven Nebenkriegsschauplatz verschleißen und damit seinem Vorhaben nicht dienlich sein. Diese Erkenntnis ist in der Praxis deshalb außerordentlich wichtig, damit Bemerkungen wie „Ist das nicht eigentlich Sache des Moderators?" als Zeichen eines falschen Verständnisses von den Rechten und Pflichten des Moderators deutlich werden: Moderator sein ist kein Besitzstand. Darüber müssen sich alle klar sein, die, die moderieren und auch die, die moderiert werden.

Moderator sollte derjenige sein, der die Gruppe, das Team in der anstehenden Situation am besten unterstützen kann.

Dadurch wird auch deutlich, daß der Moderator wechseln kann. Moderator sollte derjenige sein, der die Gruppe, das Team in der anstehenden Situation am besten unterstützen kann. Das kann der Vorgesetzte sein, muß aber nicht. Der Chef kann seine Verantwortung für den Prozeß zeitweise abgeben, um sich voll an der fachlichen, inhaltlichen Diskussion, beispielsweise während eines Meetings, beteiligen zu können. Je größer das Vertrauen in die Kompetenzen des Moderators, desto leichter wird ihm das fallen.

Sogar innerhalb einer einzigen Besprechung ist ein Moderatorenwechsel möglich und kann sinnvoll sein. Bei mehreren Tagesordnungspunkten kann der Moderator für den Punkt, bei dem er inhaltlich sein Fachwissen beisteuern kann, die Moderation abgeben.

Nicht immer finden Sie als Führungskraft in Ihrer eigenen Abteilung, Ihrer Grupe oder Ihrem Bereich einen geeigneten Moderator. Gerade in schwierigen Situationen ist es hilfreich, jemanden von außen zu bitten, die Moderation zu übernehmen. Außen bedeutet dabei nicht unbedingt, daß ein externer Moderator eingekauft werden muß, sondern daß von einem anderen Bereich im Unternehmen ein Mitarbeiter mit Prozeßkompetenz als Moderator fungieren kann.

Dasselbe gilt auch für die Führungskraft innerhalb eines Projektes. „Das Vorantreiben der Team-Entwicklung ist Aufgabe des Projektleiters. Allerdings erfordert diese Aufgabe das Vermögen, sich selbst als Teil des Systems mitzubetrachten, also die eigene Person in einen Moderator und einen Betroffenen aufzusplitten. Wenn die dazu erforderliche Übung fehlt oder wenn die Gruppensituation ein solches Vorgehen nicht zuläßt (z. B. wegen fehlender Akzeptanz der Doppelfunktion), so ist das Hinzuziehen eines externen Moderators anzuraten." *(Mees, Seite 96).*

In diesem flexiblen Umgang beim Einsatz von Moderatoren liegen enorme Ressourcen, die das Miteinander-Arbeiten effektiver und effizienter gestalten.

2.3 Wie erreichen wir Synergie?

Lassen Sie uns beim Thema Synergie mit einem Beispiel aus der Tierwelt beginnen. Ameisen faszinieren uns Menschen unter anderem wegen ihrer erstaunlichen körperlichen Kraft und ihrer beispiellosen Leistungsfähigkeit. Sie bilden hochkomplizierte Staaten mit strenger Arbeitsteilung. Die Arbeiterinnen sind in der Lage, bis zu zehnmal mehr zu tragen, als sie selbst wiegen. Eine vor einiger Zeit veröffentlichte Studie über eine asiatische Ameisenart berichtet, wie Ameisen ihre Fähigkeit als Lastenträger durch besondere Zusammenarbeitsformen in erstaunlicher Weise zu optimieren vermögen. Ist ein größeres Beutestück zu transportieren, so beteiligen sich bis zu 100 Tiere an dieser Arbeit. Eine solche Zahl von Arbeiterinnen kann durch sinnvolles Kooperieren einen Wurm von der Stelle bewegen, der 10 000mal schwerer ist, als eine einzelne Ameise. Die Effektivität der Tiere kann also durch wirkungsvolle Kooperation gegenüber einem Einzelträger nochmals verzehnfacht werden. Diesen Effekt nennen wir Synergie *(National Geographic Research, Heft 4/1988, Seite 38).*

So wie in diesem Ameisenbeispiel muß auch Moderation mehr sein, als Sitzungen zu leiten, zwischenmenschliche Interaktionen zu erleichtern und gemeinsam mit anderen Ergebnisse zu erreichen. Moderation muß diese Interaktionen sowie die Stärken und Schwächen der Beteiligten so zum Einsatz bringen, so kombinieren, so „orchestrieren", daß mehr als nur die Summe der Einzelleistungen dabei herauskommt. Diese Mehrleistung, die wir häufig als den Mehrwert guter Teamarbeit erleben, auch dies ist Synergie.

Synergie entsteht durch Optimierung. Im Falle von moderierten Gruppen heißt Optimierung:

- Spannungen abbauen,
- falsche Kräfteeinsätze abfangen,
- Dominanzen mindern,
- Ungleichheiten verringern,
- auftretende Schwächen mindern,
- zielgerichtete Beiträge trichtern,
- zu Leistungen motivieren,
- Erfolge bewußt machen,
- Stärken fördern,
- Ergebnisse steigern,
- Zeitpunkte für Interventionen erkennen,
- Stärken kombinieren,
- Klima erzeugen,
- Brücken bauen,
- Ideen zusammenfügen,
- Allianzen schaffen.

Der Moderator verfügt über eine Fülle von Mitteln und Möglichkeiten, um Optimierung bei der Arbeit mit der Gruppe zu erreichen und damit die gewünschten Synergien zu erzielen. Das System und die Werkzeuge des Moderators sind in den *Kapiteln 4 und 5* genau beschrieben.

Hier wollen wir auf den Begriff „Stärken" näher eingehen. Die Stärken der einzelnen Gruppenmitglieder sind für den Moderator in seinem Bemühen um Optimierung von entscheidender Bedeutung. Sprechen wir im Kontext von Moderation und Zusammenarbeit über individuelle Stärken der beteiligten Menschen, so sind nicht fachliche Fertigkeiten, Fähigkeiten und Kompetenzen gemeint. Der Begriff „Stärke" bezieht sich in dem Zusammenhang auf die Interaktion, auf den Prozeß der zwischen Menschen stattfindet, um ein Ergebnis zu erreichen. Wir sprechen deshalb auch von Prozeßstärken, weil sie hilfreich sind für den Prozeß. Die Übersicht benennt einige solcher Stärken, erhebt aber keinen Anspruch auf Vollständigkeit.

Übersicht: 1 **Individuelle Stärken, die hilfreich für den Prozeß sind:**

- Kreative Ideen beitragen,
- Klärungsfragen stellen
- Zeitgefühl haben,
- Zusammenhänge erkennen,
- gut zuhören können,
- Ideen anderer unterstützen und weiterführen können,
- zusammenfassen können,
- andere begeistern, motivieren können,
- Ergebnisse, die kurzfristig erreichbar sind, erkennen,
- Ausformulierung von klaren, eindeutigen Antworten auf Fragen nach dem Sinn oder Zweck des Auftrags,
- Hinterfragen von Zielen,
- Benennen spezifischer, überprüfbarer Meßkriterien für das Endergebnis,
- eine Vision haben („wo wollen wir hin?") und diese mitteilen können,
- zielgerichtet arbeiten,
- sicherstellen, daß Pläne eindeutig und verständlich sind,
- erkennen, wann Diskussionen beendet werden müssen,
- Bedeutung von Information erkennen,

- Realitätssinn,
- Mut zur Konfrontation,
- Durchsetzungsvermögen,
- Optimismus,
- Entschlußkraft,
- Flexibilität,
- Zuverlässigkeit,
- Integrität,
- Rücksichtnahme.

Was bedeuten diese Stärken für den Moderator? Was kann er damit tun im Hinblick auf die angestrebten Synergien? Inwieweit beeinflussen sie die Moderation?

Je mehr diese Stärken die Person des Moderators selbst auszeichnen und je weiter sie bei ihm entwickelt sind, desto leichter und erfolgreicher wird ihm die Moderation von der Hand gehen. Doch der Moderator ist kein Übermensch, sondern er kann und soll vor allem darauf vertrauen, daß auch die Mitglieder der von ihm moderierten Gruppe durch zahlreiche Prozeßstärken ausgezeichnet sind.

Die Kunst des Moderators ist es, die verschiedenen individuellen Stärken zu erkennen und zu kombinieren. Beispielsweise den Pragmatiker mit dem Gespür für das Machbare einerseits und den Visionär mit seiner kreativen Ideenvielfalt andererseits. Hier ist Moderation gefordert zum Brücken bauen, zum Kombinieren, zum Ergänzen der verschiedenen individuellen Fähigkeiten. Eine wichtige Prozeßstärke des Moderators ist deshalb das Beobachten solcher Stärken in der moderierten Gruppe, um diese Fähigkeiten gezielt ansprechen und mobilisieren zu können.

Dasselbe gilt in der Linien-Situation der Führungskraft für das Moderationsverhalten gegenüber dem einzelnen Mitarbeiter. Auch hier müssen Führungskräfte beobachten können, um die Weiterentwicklung bei den einzelnen Mitarbeitern zu fördern oder um die Stärken seiner Mitarbeiter für die Arbeitsabwicklung optimal zu kombinieren.

Im bewußten Umgang mit den Stärken jedes einzelnen im Team liegt der Schlüssel zur Synergie.

Doch Vorsicht! Stärken sind fast immer Kehrseiten von Schwächen, wie die berühmte „Kehrseite der Medaille". Diese Erkenntnis spielt eine wichtige Rolle für das sinnvolle Nutzen solcher Stärken, insbesondere für die Fragen, wann, wie und wo solche Prozeßstärken hilfreich sind. Ein hartnäckiges Festhalten an Zielen, auch wenn das Verfolgen der Ziele schwierig ist, kann beispielsweise bei einem Vertriebsmann eine große Stärke sein. Bei einer anderen Aufgabe, die eher diplomatisches Geschick verlangt, beispielsweise als Assistent der Konzernleitung, kann eine solche Stärke sich unter Umständen als Schwäche erweisen.

Ein anderes Beispiel für eine Stärke, die zur Schwäche werden kann, ist die Prozeßstärke ‚Mut zur Konfrontation'. Als Stärke gilt sie, wenn darunter verstanden wird, daß jemand den Mut hat, Probleme, Störungen anzusprechen. Diese Stärke kann zur Schwäche werden, wenn damit das mutwillige Lostreten von Konflikten gemeint ist. In Arbeitssituationen hat es sich vielfach herausgestellt, daß das Aufarbeiten von Konflikten schwierig ist und vielen Führungskräften dazu das notwendige Werkzeug fehlt.

Der bewußte Umgang mit Stärken und Schwächen ist ein bedeutsames Betätigungsfeld für einen erfolgreichen Moderator. Hier eröffnen sich Potentiale für Synergie.

Vorbereitung einer Moderation

3

3.1 Die Logistik muß stimmen

Moderation bedarf der sorgfältigen Vorbereitung. Zum einen muß der Moderator den logistischen Organisationsablauf seiner Moderation und den Moderationseinstieg planen, zum anderen muß er sich über die Beteiligten und den Auftrag vorab sorgfältig informieren.

Wie die Diskussion der Synergien und Prozeßstärken gezeigt hat, ist ein Aspekt der Vorabinformation auf die beteiligten Personen gerichtet. Der Moderator informiert sich im Vorfeld über die Menschen, die er moderieren wird. Er sollte so viel wie möglich über sie wissen: über ihre Stärken und Schwächen, über ihre Eigenheiten und Empfindlichkeiten, über ihre Beziehungen unter- und zueinander, über ihre Stellung, über ihre Bedeutung im System, beispielsweise im Unternehmen. Diese Information muß der Moderator möglichst wertneutral aufnehmen, um sich nicht vorschnell eine Meinung zu bilden.

Des weiteren lohnt es sich für den Moderator, so viel wie möglich über den Kunden und/oder über den Auftraggeber zu wissen. Wer hat die Moderation oder die Zusammenkunft veranlaßt und wozu? Für welchen Kunden sind die Ergebnisse bestimmt? Kundenkenntnis hilft, über besondere Erwartungen oder besondere Standards Bescheid zu wissen. Ein wichtiger Bestandteil der Vorbereitung von Moderation.

Falls es sich um die Moderation eines konkreten Auftrages handelt, wird der Einstieg in die Moderation erleichtert, wenn der Moderator schon im Vorfeld vieles über den eigentlichen Auftrag zu ermitteln versucht. Wie ist es dazu gekommen, welche Hintergründe hat der Auftrag? Wozu dient er? Was hat dazu geführt? In welchem Gesamtzusam-

menhang muß der Auftrag gesehen werden? Was kann man noch zusätzlich zum Auftrag sagen/herausfinden?

Ein erfahrener Moderator verschafft sich vor Beginn der Moderation einen Überblick über den Ort der Moderation, sofern es sich nicht um einen allgemein bekannten Ort des Treffens, der Zusammenarbeit handelt. Auf jeden Fall muß er wissen, unter welchen örtlichen Bedingungen er moderieren soll. Dies gilt ganz besonders für die Moderation in Tagungsstätten und Hotels. Einige spezielle Empfehlungen dazu finden sie in *Kapitel 5.7.*

Für die Logistik im Zusammenhang mit der Moderation sind folgende Fragen wichtig: Brauchen die Teilnehmer irgendwelche Vorinformation? Ist der Moderator für die Einladung verantwortlich?

In jedem Falle sollte der Moderator sicherstellen, daß den Teilnehmern, je nach Bedarf und Möglichkeiten, zusammen mit einer Einladung folgende Informationen zugehen:

- Datum, Uhrzeit, Ort (Anfahrtskizze), Anschrift (Telefon/Fax), eventuell Hotelprospekt,
- voraussichtliche Dauer, bei mehrtägigen Meetings eventuell geplante Arbeitszeiten,
- Thema, Agenda, Auftrag, Tagesordnung oder auch andere Formen der Information über den Inhalt des Treffens,
- Teilnehmerliste,
- Informationen zur Kleiderordnung, wenn beispielsweise Freizeitkleidung bei einer Klausurtagung angebracht ist,
- Eventuell Aufforderung inhaltliche Inputs, wie Akten, Pläne, Vorarbeiten, Wünsche, Erwartungen etc., mitzubringen.

Zur Vorbereitung in einem Hotel oder einer Tagungsstätte gehören:
- Reservierung der benötigten Räume,
- Festlegen der benötigten Tische und der Bestuhlung, z. B. U-Form, Roundtable etc.,
- Verabreden der Technik, z. B. Zahl der Pinnwände, Flipcharts oder Overhead-Projektor,
- Klären von Lichtverhältnissen und möglichen Störungen, z. B. Lärm,
- Berücksichtigen von Rauchgelegenheiten,
- Bankett-Absprachen, z. B. Getränke, Mahlzeiten (leicht!), Pausenverpflegung, z. B. Obst,
- Ermitteln der Freizeitmöglichkeiten und evtl. für einen gemeinsamen Abend reservieren.

Schon im Vorfeld der Moderation kann der Moderator überlegen, ob es hilfreich ist, außer den Teilnehmern einen oder mehrere Gäste für eine bestimmte Phase des Gruppenarbeitsprozesses dazuzubitten. Einen Experten beispielsweise, der noch zusätzliche Fachinformationen beisteuern kann, oder einen Vorgesetzten, der auftretende Unklarheiten in einer zwischengeschalteten Fragestunde beantworten oder Hintergrundinformationen geben kann, falls das von den Teilnehmern gewünscht wird. Eine vorsorgliche Terminabsprache mit den Betroffenen ermöglicht es dem Moderator, den Teilnehmern später ein entsprechendes Angebot machen zu können.

Der Einstieg in die Moderation muß sorgfältig vorbereitet werden.

Der nächste Punkt, der sorgfältig vorbereitet und geplant werden muß, ist der Einstieg in die Moderation. Hier interessieren Fragen wie:

- Kennen sich die Teilnehmer?
- Sollten sie sich einander vorstellen?
- Ist es sinnvoll, dies am Vorabend mit einem gemeinsamen Essen zu arrangieren?
- Könnte nach einem solchen Essen die Veranstaltung schon „angeschoben" werden, vielleicht zum allgemeinen „Anwärmen", um den Weg für den direkten Arbeitseinstieg am nächsten Morgen freizumachen?
- Gibt es einen Einführungsredner, der zum Vorabend gebeten werden könnte?

Wichtig ist, daß der Moderator frühzeitig am Tagungsort oder im Sitzungszimmer ist. So hat er Zeit für einen letzten Check seiner Vorbereitung und auch die Möglichkeit, die ankommenden Teilnehmer informell zu begrüßen.

Bereits zu Beginn klärt der Moderator alle organisatorischen Fragen und alle möglichen Modalitäten des Endes der Zusammenkunft. Die Frage „Bereitet der vorgesehene Endtermin (Datum, Uhrzeit) jemandem Schwierigkeiten?" bewahrt Sie davor, mittendrin von der Mitteilung überrascht zu werden, daß ein oder mehrere Teilnehmer vorzeitig das Treffen verlassen müssen.

3.2 Erwartungen und Rollen klären

In der Mehrzahl der Fälle kann der Moderator davon ausgehen, daß er mit seiner Moderationsarbeit in einem gewissen Spannungsfeld zwischen der Gruppe und der Hierarchie, oder anders ausgedrückt der Organisation, operiert. Der Auftrag für die Moderation kommt in der Regel von der Organisation. Die Organisation oder einer ihrer Vertreter, möglicherweise der direkte Vorgesetzte des Moderators, ist Auftraggeber für das, was mit einer Arbeitsgruppe unter der Mitwirkung des Moderators erarbeitet werden soll. Damit wird schon deutlich, daß der Moderator eine doppelte Loyalität hat: eine zur Organisation und eine zur Gruppe. Rasch wird offensichtlich, daß das Problem noch weit komplexer ist, wenn wir uns darüber klar werden, daß das Verständnis, die Erfahrung, die Fertigkeiten, die man braucht, um mit Organisationen richtig umzugehen, völlig andere sind als die, die man beim Arbeiten mit einer Gruppe benötigt.

Der St. Gallener Gruppendynamiker Bernhard Pesendorfer drückt das deutlich aus: „Um Teams und Gruppen richtig zu führen, bedarf es gruppendynamischer Kenntnisse und Fertigkeiten. Organisationsprobleme jedoch sind nicht mit gruppendynamischen Methoden zu lösen. Man muß einen anderen Blickwinkel haben, um Organisationen zu verstehen ... Die meisten Vorgesetzten haben das Problem, wie sie mit dem Widerspruch von Gruppe und Organisation umgehen sollen, weil sie sowohl in Gruppen integriert sind, als auch mit der Organisation umgehen müssen. Der Widerspruch besteht zwischen dem Verhalten in Gruppen, wo man direkt miteinander umgeht, und dem Problem, wie man in Organisationen indirekt über Regeln, Arbeitsteilung, aber auch über offizielle Machtkonstellationen und informelle Strukturen operiert" *(Pesendorfer, Seite 235).*

> *Der Moderator hat in den meisten Fällen eine doppelte Loyalität: eine zur Gruppe und eine zur Organisation.*

Damit wird das oben erwähnte Spannungsfeld skizziert, in dem sich der Moderator in den meisten Fällen bewegt. Wichtig ist es, daß er sich dieser Situation, dieser Spannungen, dieses potentiellen Loyalitätskonfliktes bewußt ist. Weder darf er sich gegenüber seiner Gruppe als Repräsentant der Organisation fühlen und ausgeben, noch darf er sich gegenüber der Organisation allzu schützend vor seine Gruppe stellen. Auch hier ist es wieder die ganz entscheidende Aufgabe des Moderators, Brücken zu schlagen, zu verbinden und integrierend zu wirken, damit die Interessen der Organisation und der Gruppe gewahrt bleiben.

Vor diesem Hintergrund wird der Moderator stets als erstes bemüht sein, mit dem Auftraggeber im Vorfeld auch seine Rolle als Prozeßhelfer mit Verantwortung gegenüber allen Beteiligten zu klären. Dies wird um so wichtiger sein, wenn – wie dies auch häufiger der Fall ist – der Auftraggeber sich unter den Moderierten befindet. Hat der Moderator in diesem Fall seine Rolle nicht sauber geklärt, wird er mit Sicherheit im Laufe der Moderation in Schwierigkeiten geraten. Also: Rolle klären und bestätigen lassen!

Selbstverständlich muß die Rolle nicht nur gegenüber dem Auftraggeber klar sein. Der Moderator tut auch gut daran, seine Rolle mit den Beteiligten zu klären. Welche Erwartungen hat der Moderator an die Gruppenmitglieder, die er moderieren muß/will, und was erwarten diese von ihrem Moderator? Wie weit ist die Rolle von außen bestimmt? Wie weit kann sie vom Moderator und/oder der Gruppe selbst bestimmt werden?

Eine wichtige Bestimmungsgröße ergibt sich aus der Art des Auftrags. Ist der Moderator von einem Auftraggeber eingesetzt, so können sich daraus – wie wir in *Kapitel 3.1* bereits gesehen haben – entsprechende Forderungen an seine Rolle ergeben.

Aber selbst in diesem Fall ist zusätzlich die Erwartungsklärung zwischen Moderator und Teilnehmern unbedingt notwendig. Nach dem bewährten Prinzip „mehr fragen als sagen" kann es sinnvoll sein, diese Klärung mittels einer visualisierten Erwartungsabfrage vorzunehmen. Es empfiehlt sich, die eingebrachten Erwartungen zu diskutieren oder zu kommentieren, um auch die Erwartungen des Moderators deutlich zu machen. Das Ergebnis könnte beispielsweise wie folgt aussehen:

Erwartungen der Gruppe **an den Moderator**	Erwartung des Moderators **an die Gruppe**
– alle einbeziehen, – neutral sein, – auf Gesprächsdisziplin achten, – Vorgehensweisen vereinbaren, – evtl. Konflikte ansprechen, – Konflikte lösen, – Denkpausen zulassen.	– an Vereinbartes halten, – Mitverantwortung für Moderation tragen, – Zuständigkeit der Gruppe für Inhalte und inhaltliche Lösungen akzeptieren, – Offenheit, – Störungen rückmelden, – inhaltlich/fachliche Unwissenheit des Moderators akzeptieren.

In einer Diskussion über diese gegenseitigen Erwartungen muß dann deutlich werden, daß die Erwartung an den Moderator, einen Konflikt zu lösen, unrealistisch ist. Vom Moderator kann jedoch erwartet werden, daß er mögliche Lösungswege für Konflikte aufzeigt.

Hilfreich für alle Beteiligten ist die Klarheit darüber, daß der Moderator sich als Helfer für die Struktur und den Prozeß versteht und daß die Gruppe den Part der inhaltlichen Bearbeitung vollverantwortlich zu übernehmen bereit ist.

3.3 Spielregeln vereinbaren

Es ist wie bei einer Verhandlungsvorbereitung: Erfahrene Verhandler unterhalten sich zuerst über die Art und Weise, wie verhandelt werden soll. Über die „Spielregeln“, nach denen sie sich richten wollen.

So ist es auch in der Moderation. Sobald die Rollen und Erwartungen geklärt sind, muß über Spielregeln gesprochen werden. Man redet sozusagen erst einmal auf einer anderen Ebene miteinander, auf der Meta-Ebene der Kommunikation, bevor man sich in das Dickicht des inhaltlichen Arbeitens hineinbegibt.

Und das geschieht, wie fast immer beim Moderieren: Der Moderator gibt einen Anstoß, setzt einen Rahmen, den die Teilnehmer dann selbst ausfüllen. Der Moderator schreibt beispielsweise an die Tafel: „Nach welchen Spielregeln wollen wir arbeiten? Was wollen wir vereinbaren, das uns die gemeinsame Arbeit miteinander erleichtert?“ Er sammelt dann nach Zuruf oder auf Karten die Vorschläge der Teilnehmer.

Mögliche Vorschläge für Spielregeln sind:
– Redezeit begrenzen,
– ausreden lassen,
– alle zu Wort kommen lassen,
– keine persönlichen Angriffe,
– bei Uneinigkeit abstimmen,
– nur in den Pausen rauchen,
– mindestens eine Stunde Mittagspause usw.

Der Moderator sorgt dafür, daß die beschlossenen Spielregeln für alle sichtbar an der Wand, an der Tafel, am Flipchart oder auf der Pinnwand hängen, damit die Teilnehmer sich an sie erinnern und er selbst bei

Bedarf darauf zurückgreifen, darauf hinweisen kann. Mit den verabredeten Spielregeln hat der Moderator neben den besprochenen Erwartungen ein weiteres Instrument in der Hand, um in den Gruppenprozeß eingreifen zu können.

Er sollte sich darauf einrichten, daß die Spielregeln im Laufe der Arbeit noch erweitert oder verändert werden. Die Teilnehmer werden in der Regel nach einiger Zeit auf diese oder jene Schwierigkeit in der Zusammenarbeit, im Umgang miteinander stoßen und dafür neue, andere Spielregeln benötigen. Oftmals sind solche Spielregeln Hilfen, ja „Krücken" für selbst gewünschte Verhaltensänderungen; sie sollen die Teilnehmer mitten im Geschehen daran erinnern, daß sie sich dieses oder jenes vorgenommen hatten, dieses oder jenes nicht tun oder vermeiden wollten. Die Spielregel

Auf vereinbarte und visualisierte Spielregeln kann der Moderator bei Bedarf zurückgreifen.

dient als Gedächtnisstütze. Gelingt die Verhaltensänderung, ist sie allgemein verankert und funktioniert, dann wird die „Krücke" nicht mehr gebraucht.

Zu den Spielregeln gehört häufig die Vereinbarung „keine Nebensächlichkeiten diskutieren" oder „sich auf Wesentliches beschränken". Damit diese Spielregeln leichter eingehalten werden können, empfiehlt es sich für den Moderator, einen Sammelplatz für Unerledigtes einzurichten. Dort können Teilnehmer Ideen, Beiträge, Kritiken, Anmahnungen anheften, aufschreiben, die im Moment nicht zum Ablauf passen, aber dennoch nicht verlorengehen sollten *(Siehe S. 122, Ideenspeicher).*

Auf jeden Fall ist die für alle sichtbare Zeitplanung ein Bestandteil von Spielregeln. Jeder Teilnehmer muß wissen, wo die Gruppe zeitlich steht, wieviel Zeit noch zur Verfügung ist, wann Pausen vorgesehen sind, wann die Arbeit enden soll.

Sichtbarkeit für alle, also Visualisierung, ist ein Teil der Spielregeln. Jeder sollte möglichst alles, was in der Gruppe vor sich geht, im Umfeld der Gruppe visuell nachvollziehen können. Die Aufforderung zum Visualisieren gilt für alle Teilnehmer, keineswegs nur für den Moderator.

Wir sehen, Spielregeln können sehr unterschiedlich sein. Oftmals denken die Teilnehmer zuerst an Gesprächs- und Verhaltensregeln. Es werden aber auch darüber hinausgehende Regeln benötigt, die dem Ablauf, dem Vorgehen eine gewisse Struktur verleihen: eine Agenda zum Beispiel, eine Tagesordnung, die die Problempunkte auflistet, denen die Arbeit gewidmet werden soll, eine Themenliste für Meetings und Konferenzen, ein Ablaufplan oder gar Netzplantechniken für Projektarbeit.

Entscheidend bei allen diesen Spielregeln ist, daß sie mit allen Betroffenen deutlich vereinbart werden. Nur Vereinbartes, Verabredetes hat Aussicht, während des Arbeitens ernst genommen zu werden. Und nur die Tatsache der Vereinbarung mit allen gibt dem Moderator die Möglichkeit und das Recht, später im Ernstfall darauf zu bestehen und Betroffene darauf mit dem Hinweis auf die vorher erfolgte Akzeptanz auch wirklich festzulegen. Auch spätere Änderungen oder Erweiterungen müssen deutlich mit allen Betroffenen vereinbart werden.

Moderieren mit System

4.1 Systematisches Vorgehen

Moderationserfahrungen mit Tausenden von Arbeits- und Projektgruppen haben uns gezeigt, daß eine strukturbezogene Spielregel dann besonders erfolgreich ist, wenn sie erlaubt, daß der Moderator die Betroffenen „dort abholt, wo sie stehen". Dieser bildhafte Ausdruck soll verdeutlichen, daß alle systematischen und methodischen Vorgehens- und Verfahrensweisen, die von Menschen zum Erledigen ihrer mannigfachen Angelegenheiten benutzt werden, sehr wahrscheinlich irgendwie mit der Art und Weise zusammenhängen, in der Menschen denken und (auch unbewußt) reagieren.

Deshalb ist anzunehmen, daß alle von Menschen angewendeten Systeme und Vorgehensweisen gewisse Gemeinsamkeiten aufweisen. Unterscheiden werden sie sich möglicherweise vor allem durch den Zweck, für den sie ursprünglich entworfen wurden. Ein System, das beispielsweise auf das Erledigen von täglichen Arbeiten und Aufgaben ausgerichtet ist, wird sich von solchen Systemen unterscheiden, die ausschließlich zur Lösung komplexer Probleme oder zur Realisierung langfristiger, vielstufiger Projekte ausgedacht und entwickelt wurden.

Für den Moderator bietet sich deshalb eine Spielregel für das Vorgehen als besonders erfolgreich an, die die oftmals unbewußten Denkweisen und Arbeitsansätze der beteiligten Menschen ausdrücklich berücksichtigt und einbindet. Unsere Arbeitserfahrungen mit vielen Gruppen bestätigen uns immer wieder, daß Menschen in Sitzungen, Besprechungen, Meetings oder Projektsituationen häufig deshalb so frustriert über sinnlos vergeudete Zeit sind, weil sie dort keine Spielregel gefunden oder vereinbart und befolgt haben, die ihre unterschiedlichen, wiederum meist unbewußten Denk- oder Arbeitsansätze ausdrücklich berücksichtigt und kanalisiert.

Wir haben – gemeinsam mit vielen unserer Berater-Kollegen – in einem simplen Experiment mit Arbeits- und Projektgruppen in aller

Welt die Bedeutung dieser Art von Spielregel eindrucksvoll belegt. Das Experiment verläuft folgendermaßen:

Die Teilnehmer einer Arbeitsgruppe werden gebeten, sich darauf vorzubereiten, ihre unmittelbare Reaktion auf einen simplen Auftrag ohne längeres Nachdenken spontan mit einem dicken Filzstift auf eine Karte zu schreiben und an die Pinnwand zu stecken. Dann wird der Auftrag „Bitte tragen Sie das hier vor Ihnen stehende Flipchart aus dem Raum!" erteilt.

Die Reaktionen der Teilnehmer sind in allen Experimenten mit folgenden Kommentaren zusammengefaßt:

Warum? Was soll das? Wohin? Quatsch! Mache ich gern. Ist die Tür groß genug? Komm, machen wir zu zweit. OK, geht in Ordnung. Nein, mache ich nicht. Wer faßt mit an? Wozu sollen wir das machen? Wie hoch ist das Flipchart? Wo soll es draußen hingestellt werden? Machen Sie das doch selbst! Was heißt das?

Die Analyse einer großen Anzahl dieser Experimente zeigt, daß die Antworten immer in folgendes Schema sortiert werden können:

Auftragserklärung	Was soll das? Was heißt das?
Ziele	Wozu sollen wir das machen? Warum?
Information	
– **gegebene**	Quatsch! Nein, mache ich nicht.
– **gesuchte**	Ist die Tür groß genug? Wie hoch ist das Flipchart? Wohin? Wo soll es draußen hingestellt werden?
Planung	Wer faßt mit an? Komm, machen wir das zu zweit! Machen Sie das doch selbst!
Ausführung	OK, geht in Ordnung. Mache ich gern. (Manche stehen auf und tragen das Flipchart wortlos hinaus.)

Weitere, darüber hinausgehende Erfahrungen haben uns gezeigt, daß immer dieselben Menschen dazu neigen, die gleichen Reaktionen zu zeigen, wenn der Auftrag, der Anstoß von außen erfolgt. Meist sind es dieselben, die zu hinterfragen beginnen, immer dieselben, die zuerst wissen wollen, wozu dies gemacht werden soll, immer dieselben, die mit Informationen aufwarten oder Informationen haben wollen und immer dieselben, die spontan die unmittelbare Aktion bevorzugen. Menschen, die erst klären, analysieren oder nachfragen, und Menschen, die spontan anpacken.

Ganz offenbar entspricht dieses unterschiedliche Vorgehen den individuellen Veranlagungen, Motivationslagen, Neigungen und Arbeitsansätzen bestimmter Menschen, ohne daß wir damit deren Festlegung auf Kategorien vornehmen wollen. Denn derartige „Klassifikationen sind Fallen. Es geht uns nicht darum, Menschen in ein bestimmtes Schema zu pressen, sondern wir wollen von der genauen Beobachtung ausgehen und so Möglichkeiten finden, die anderen besser zu verstehen" *(Blinckhan, Seite 60)*. Darüber hinaus gibt es bei den unterschiedlichen Vorgehensweisen bei Aufträgen kein „richtig" oder „falsch".

Wir sollten deshalb versuchen zu verstehen, daß die unterschiedlichen Vorgehensweisen zeigen, daß Menschen offenbar Stärken in ganz bestimmten Bereichen haben. Das Analysieren und Nachfragen bei Aufträgen beispielsweise ist eine Stärke, aber auch Initiative in der Durchführung oder Pragmatismus in der Planung. Diese Fähigkeiten werden in derartigen Momenten, wie in unserem Experiment nachgestellt, deutlich, brechen ganz spontan durch.

Das Ergebnis zeigt eine Gruppe von Menschen mit unterschiedlichen Stärken. Wie eine Gruppe von Musikern mit verschiedenen Instrumenten, wobei jeder einzelne ein Spezialist für sein Instrument ist. Die Kunst der Moderation ist es jetzt, diese Instrumente, diese Stärken zu verbinden, damit aus einer Gruppe von Solisten ein Orchester wird.

Durch ein systematisches Vorgehen werden Menschen mit unterschiedlichen Stärken eingebunden.

In der Moderationssituation bringen sich die Teilnehmer gemäß ihrer – oftmals unbewußten – Stärken zu ganz bestimmten Zeiten, zu ganz bestimmten Geschehnissen, in ganz bestimmter Weise ein. Ein Moderator muß diese individuell unterschiedlichen Vorgehensweisen durch die Einordnung in eine Systematik sortieren.

Das Verabreden einer Spielregel für eine Struktur in Form einer solchen Systematik bewirkt, daß den unterschiedlichen Stärken in der Gruppe Rechnung getragen wird und alle Stärken eingebunden werden. Ist eine solche Systematik als Spielregel verabredet, weiß beispielsweise derjenige, der gerne Dinge bewegt und umsetzt, daß er mit dem Einsatz seiner Aktivitäten erst abwarten muß, bis die mehr analytisch veranlagten Nachfrager Unklarheiten beseitigt haben.

Wichtig ist, daß eine Systematik vor Arbeitsbeginn mit allen Beteiligten vereinbart wird, bevor durch unterschiedliche, oftmals diffuse Reaktionen auf den Auftrag oder das Projektthema und durch Frust, weil man mit seinem Arbeitsansatz nicht zum Zuge kommt, ein schwierig zu entwirrendes, zeitraubendes Chaos entsteht.

Das Management-Trainings- und -Beratungsunternehmen Coverdale hat diese Systematik im Laufe jahrelanger Experimente und Beratungserfahrungen zu einem griffigen, übersichtlichen Arbeitsinstrument entwickelt *(siehe Übersicht 2)*. Wir nennen es „eine systematische Vorgehensweise". Sie ist ein flexibles und in sich vollständiges Instrument, und doch können alle anderen existierenden Systeme mühelos damit verbunden werden. So ist es beispielsweise möglich, eine oder mehrere Stufen dieser Systematischen Vorgehensweise durch Einfügen eines anderen Systems beträchtlich zu erweitern. Auch ist die Systematische Vorgehensweise nicht als Ersatz für andere Systeme gedacht; jedes System hat seine Anwendung, je nach den Gegebenheiten und nach den Zielen, für das es entwickelt wurde.

Die Systematische Vorgehensweise ist beim Erledigen von Aufträgen und Aufgaben eine Hilfe, um Zusammenhänge in Arbeitsabläufen zu sehen. Sie dient als Hilfsmittel für die Entscheidung, welche Schritte im Rahmen eines Vorgehens sinnvollerweise zu unternehmen sind. Als besonders nützlich erweist es sich, wenn es darum geht – wie in der Moderationssituation – die Arbeit mehrerer Menschen gemeinschaftlich weiterzubringen.

Übersicht 2: **Eine Systematische Vorgehensweise**

Auftrag klären

Ziele vereinbaren

– Wozu tun wir das? . . . . *Sinn/Zweck*
– Für wen tun wir das? . . . . *Kunde*
– Was soll bis Auftragsende
  erreicht sein? . . . . *Endergebnis*
– Woran messen wir das Ergebnis? . . *Erfolgskriterien*

Informationen zusammentragen

– Fakten, Ideen, Ressourcen, Risiken, Alternativen

Was muß getan werden?

– Auflisten von Arbeitsschritten
– Unterteilen von Aufgaben
– Prioritätenliste

Plan aufstellen

– Wer macht was, wie, wann, wo?

Durchführen

– Tun

Rückblende

– Arbeitsergebnis:
  - Soll-/Ist-Vergleich
– Arbeitsprozeß:
  - Was war hilfreich?
  - Was war hinderlich?
  - Verabredungen für die
    weitere Zusammenarbeit

Konsens schrittweise herstellen → Zwischenrückblende möglichst nach jedem Schritt

Jedes System funktioniert mindestens auf zwei Ebenen: Zum einen beeinflußt ein System die Ebene des Individuums, zum zweiten wirkt es auf die viel komplexere Ebene mehrerer Menschen ein, wo es zur Basis für Zusammenarbeit wird. Das gängigste Beispiel für eine Zusammenarbeit auf der Basis eines Systems ist das Benutzen einer Tagesordnung für ein Meeting, eine Sitzung oder eine Konferenz. Hier arbeiten die Teilnehmer untereinander sowie mit dem Moderator zusammen, indem sie ein allseits bekanntes und akzeptiertes System als Bezugsrahmen benutzen, zu dem sie vorher gemeinsam ihre Zustimmung erteilt haben.

> *Die Systematische Vorgehensweise braucht nicht notwendigerweise Stufe für Stufe abgearbeitet zu werden, sondern kann je nach Situation flexibel, auch zyklisch gehandhabt werden.*

Die Systematische Vorgehensweise von Coverdale ist ein Regelkreis-Instrument und nicht ein Werkzeug, das linear zu handhaben ist. Auch wenn in der Übersicht die einzelnen Stufen untereinander aufgelistet sind, so muß doch klar sein, daß die Systematische Vorgehensweise häufig zyklisch angewendet werden muß.

Von vornherein ist auch keineswegs immer sicher, auf welcher Stufe der Systematischen Vorgehensweise begonnen wird. Das hängt weitgehend von der jeweiligen Aufgabenstellung ab. Ist beispielsweise für das Festlegen von Zielen nicht genügend Information vorhanden, wird als erstes die Frage nach mehr Informationen relevant. Für den Moderator ist es in diesem Fall besonders wichtig, daß er nach der abgearbeiteten Stufe „Informationen zusammentragen" auf jeden Fall dafür sorgt, daß die Gruppe zur Stufe „Ziele vereinbaren" zurückgeht. Nur zu oft tendieren Aktivisten in der Gruppe dazu, nach erfolgter Informationsbeschaffung sozusagen nahtlos in die Planung und in das Tun hineinzugleiten. Das muß der Moderator verhindern.

Möglich ist auch, daß sich bei dem Bemühen um die notwendige Information herausstellt, daß diese nur beschafft werden kann, wenn zuerst Erfahrungen mit dem Durchführen gemacht werden. Es muß dann mit der Durchführungsphase begonnen werden, um die gewünschte Information zu erlangen, die für die Zieldefinition notwendig ist. Ein Probelauf oder ein Test ist ein solcher erster Schritt in der Durchführung, um mit dem Ergebnis die Ziele zu spezifizieren oder zu überprüfen.

Auch das Pilotprojekt ist ein solches Verfahren: Wir führen ein Pilot-projekt durch, um darin die Informationen zu erlangen, die wir brauchen, um endgültige Ziele für das Gesamtprojekt festlegen zu können. Auch hier ist entscheidend, daß nicht vom Pilotprojekt ohne weitere Überlegungen in das Planen oder gar in die endgültige Durchführung übergegangen wird, bevor für das eigentliche Projekt das Ziel oder die Ziele festgelegt worden sind.

Der deutliche Wechsel zwischen den einzelnen Stufen der Systemati-schen Vorgehensweise und den Schleifen, damit alle Stufen abgearbeitet werden können, liegt in der Verantwortung des Moderators. Entscheidend dabei ist, daß allen Beteiligten in jeder Situation deutlich ist, auf welcher Stufe der Systematischen Vorgehensweise sie sich befinden. Klärt ein Teil der Gruppe noch den Auftrag, und andere beschäftigen sich bereits mit Vorschlägen zur Planung, ist das Chaos vorprogrammiert. Die Diskussion der Beteiligten auf verschiedenen Stufen der Systematischen Vorgehensweise ist oftmals schwierig zu durchschauen und eine der häufig beobachteten Ursachen, warum Konsens in einer Gruppe nicht möglich ist.

Auch hier empfehlen wir dem Moderator, die vereinbarte Systematik als visualisiertes Arbeitsinstrument vor aller Augen anzusprechen, zu benutzen, indem er die Beteiligten fragt: Wo diskutieren wir im Augenblick, hier oder hier? Sind wir noch bei den Zielen oder reden wir bereits über Informationsbeschaffung? Derartige Interventionen des Moderators bringen Struktur in die Diskussion und damit auch in das Denken der Beteiligten. Sie helfen, Verwirrungen zu verhindern und den Weg zum Konsens vorzubereiten. Ein pragmatischer Tip: Beschriften Sie Metaplan-Karten mit den Stufen der Systematischen Vorgehensweise und hängen Sie die Karten an eine Pinnwand. Ein ausgeschnittener Pfeil daneben markiert die Stufe, auf der sich die Gruppe gerade befindet.

Für den Moderator ist es besonders wichtig, selbst den Überblick zu behalten. Notwendig ist es dabei, daß er den nötigen Abstand zum fach-lichen Arbeitsinhalt wahrt. Dadurch fällt es ihm leichter, das Einhalten der Systematischen Vorgehensweise im Auge zu behalten.

Zusammenfassend kann gesagt werden: Die Systematische Vorge-hensweise ist kein lineares, sondern ein zyklisch zu handhabendes Instrument, das – nach der Auftragsklärung, denn die muß stets am Anfang stehen, – mit jeder Phase beginnen kann, je nach Situation. Dabei sollte jedesmal als letzte Stufe der Systematischen Vorgehensweise die Rück-blende stehen.

Die folgende Übersicht verdeutlicht die zyklische Anwendung der Systematischen Vorgehensweise.

Übersicht 3: **Zyklische Anwendung der Systematischen Vorgehensweise**

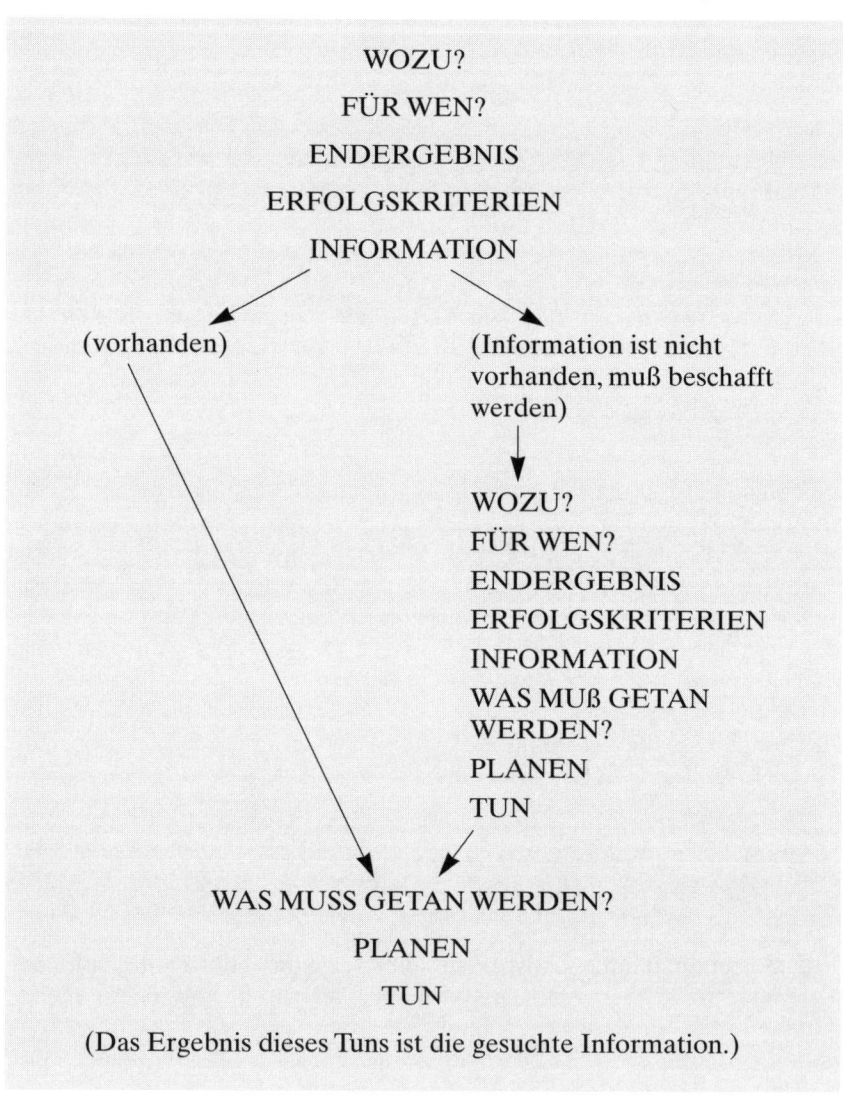

4.2 Auftrag klären

Oft gehen wir von der Situation aus, daß am Anfang der Moderation ein Auftrag steht. Das muß nicht immer so sein. In vielen Situationen, denken wir einmal an Forschungs- und Entwicklungsabteilungen in der Industrie, kann es durchaus passieren, daß am Anfang kein Auftrag, sondern eine Zielvorgabe steht. In diesem Fall muß der zu diesem Ziel passende Auftrag noch formuliert werden.

Wie auch immer der Einstieg aussehen mag, jeder Auftrag muß stets sorgfältig mit der Gruppe geklärt werden, bevor er bearbeitet werden kann. Unter Klärung wird vor allem das Herstellen eines gemeinsamen Verständnisses aller Beteiligten vom Auftrag verstanden. Erst ein gemeinsames Verständnis stellt sicher, daß das weitere Vorgehen gemeinsam und zielgerichtet erfolgen kann.

Das Klären eines Auftrags kann ein mehrstufiges Verfahren bedeuten:
- Auftragsklärung mit dem Auftraggeber, beispielsweise dem Vorgesetzten,
- Auftragsklärung mit dem Nutzer, beispielsweise dem Kunden,
- Auftragsklärung mit der Gruppe, die an dem Auftrag arbeiten soll.

Der letzte Punkt, die Auftragsklärung mit der Gruppe, ist für den Moderator häufig der schwierigste Teil in dieser Stufe der Systematischen Vorgehensweise. Das hat zwei Gründe:
- Zu Beginn einer gemeinsamen Arbeit sind nur wenige bereit, den Bedarf für Klärung einzusehen. Bemerkungen kommen wie „Was wollen wir denn da groß klären?" „Ist doch sowieso alles klar und selbstverständlich!" Die Ungeduld, möglichst ohne Verzögerung in die Arbeit einzusteigen, ist groß.
- Darüber hinaus ist es nicht einfach, das Verständnis über eine oft komplexe Auftragsformulierung mit einer Vielzahl von Menschen ohne jeden Zweifel und Irrtum zu klären.

Um der ersten Ursache für die Schwierigkeiten bei der Auftragsklärung zu begegnen, möchten wir eine alte Moderatoren-Regel zitieren: „Selbstverständliches ist nicht selbstverständlich!" Damit soll zum Ausdruck gebracht werden, daß wir in der Gruppenarbeit immer wieder in eine bestimmte Sackgasse laufen, weil jeder denkt, jeder andere muß genau so denken. Die Tatsache, daß dem häufig nicht so ist, wird meist erst später deutlich, wenn nämlich die Betroffenen zu ihrer gegenseitigen Überraschung unterschiedliche Dinge tun, obgleich sie doch dachten, dasselbe zu wollen. Damit wird viel Zeit verloren. Aufgabe des Moderatos ist es, dies zu verhindern.

Beim zweiten Grund liegt die Schwierigkeit darin, daß wir uns oft darauf verlassen, den Konsens über verbale Zustimmung („Nick-Konsens") abzufragen. Erst etliche Arbeitsphasen später erfahren wir schmerzhaft, daß Mißverständnisse in der Auftragserfassung zu Divergenzen und Vorgehensirrtümern geführt haben. Der Schaden ist kaum zu reparieren. Der Zwang, zum Ausgangspunkt zurückzugehen, unausweichlich. Zeit-, Budget- und Personalressourcen sind vertan. Höchst ärgerlich für Gruppe und Moderator – aber nur allzu häufiges Geschehen im Arbeitsleben.

In diesem Zusammenhang sei auch auf kulturelle Unterschiede hingewiesen: Nicken kann recht unterschiedliche Bedeutungen haben. In Japan z. B. heißt Nicken nur: „Ich höre zu. Erzähle weiter!"

Mit „Auftrag klären" ist das Herstellen eines gemeinsamen Verständnisses aller Beteiligten vom Auftrag gemeint.

Wie aber kann Auftragsklärung so durchgeführt werden, daß alle Beteiligten unter der Auftragsformulierung genau dasselbe verstehen? Grundsätzlich sollte der Moderator einen aktiven Klärungsvorgang herbeiführen. Aktiv bedeutet in diesem Fall, die Aufforderung an die Teilnehmer mit eigenen Worten zusammenfassend zu wiederholen, was im Auftrag gesagt oder geschrieben wurde. So kommt es zu einem aktiven Klärungsprozeß, in den sich meist andere Teilnehmer mit Kommentaren, Fragen, Widersprüchen einschalten und ihn so produktiv abrunden.

Dabei hilft jede Form von Visualisierung. Handelt es sich um einen schriftlichen, für alle sichtbaren Auftrag, kann sich schon das deutliche Unterstreichen oder Umranden („Einkringeln") von unklaren oder wesentlichen Wörtern und Formulierungen als nützlich erweisen. Werden dann noch zusätzlich Definitionen einzelner Begriffe benötigt, so müssen auch diese unbedingt schriftlich und für alle sichtbar festgehalten werden. Beispiel: „Was verstehen wir unter Diversifikation?"

Diversifikation = Erweiterung des Tätigkeitsbereichs eines Unternehmens auf neue Produkte, Märkte oder Branchen.

Dann haben alle Beteiligten die Definition, die eingehend besprochen wurde und der alle zugestimmt haben, ständig vor Augen und können sich bei der weiteren Bearbeitung immer wieder daran orientieren.

Wichtig ist, daß der Moderator auf die nötige Offenheit achtet, die beim Klären des Auftrags und beim Definieren von unklaren Begriffen oder Formulierungen notwendig ist, um vorschnelle Festlegungen zu vermeiden. Gruppen tendieren oftmals dazu, sich schnell auf Definitionen festzulegen, meist weil die zu definierenden Begriffe gewisse Klischees oder Stereotype in ihren Köpfen auslösen. Der bekannte amerikanische Publizist Walter Lippmann hat diesen Vorgang so kommentiert: „In den meisten Fällen definieren wir, ehe wir sehen, und sehen nicht, ehe wir definieren" *(Eysenck, Seite 131)*. Von Lippmann stammt auch der Begriff Stereotype.

Wie schnell wir mit Festlegungen und Schlußfolgerungen sind und wie zu schnelle Festlegungen uns fehlleiten können, wird in „Das Fieldbook zur Fünften Disziplin" von Peter Senge et al. ausführlich beschrieben. „Wir leben in einer Welt von sich selbst fortpflanzenden Überzeugungen, die größtenteils ungeprüft bleiben. Wir halten an diesen Überzeugungen fest, weil sie auf Schlußfolgerungen basieren, die wir aus unseren Beobachtungen und früheren Erfahrungen ableiten. Unsere Fähigkeit, die Resultate zu erzielen, die wir wirklich wollen, wird untergraben, weil wir glauben: daß es sich bei unseren Überzeugungen um *die* Wahrheit handelt ..." *(Peter Senge et al., Seite 279 ff.)*. Der Moderator kann die Gruppe dabei unterstützen, Überzeugungen zu überprüfen, indem er hinterfragt, zu schnelles Definieren vermeidet und auch Querdenkern in der Gruppe den nötigen Raum gibt.

Eine Frage, die der Moderator zur Aufgabenklärung auch einbringen sollte, ist die Unterscheidung, ob der vorliegende Auftrag offen oder geschlossen ist. Bei offenen Aufträgen ist das Ergebnis, das erreicht werden soll, meist unklar. Viele verschiedene Vorgehensweisen sind möglich, und auch die Auftragsdauer steht häufig nicht fest. Im Gegensatz dazu beinhalten geschlossene Aufträge klare Instruktionen. Die Vorgehensweise ist bekannt und das zu erreichende Ergebnis steht eindeutig fest.

Beide Auftragsalternativen bergen Chancen und Risiken in sich *(Siehe Übersicht 4)*. Wichtig ist es deshalb, sich der Unterschiede bewußt zu werden. Dabei stellen der offene und der geschlossene Auftrag nur die beiden Extreme auf einer breiten Skala zwischen offen und geschlossen dar. Außer offenen und geschlossenen Aufträgen sind zahlreiche Zwischenformen möglich.

Übersicht 4: **Chancen und Risiken offener und geschlossener Aufträge**

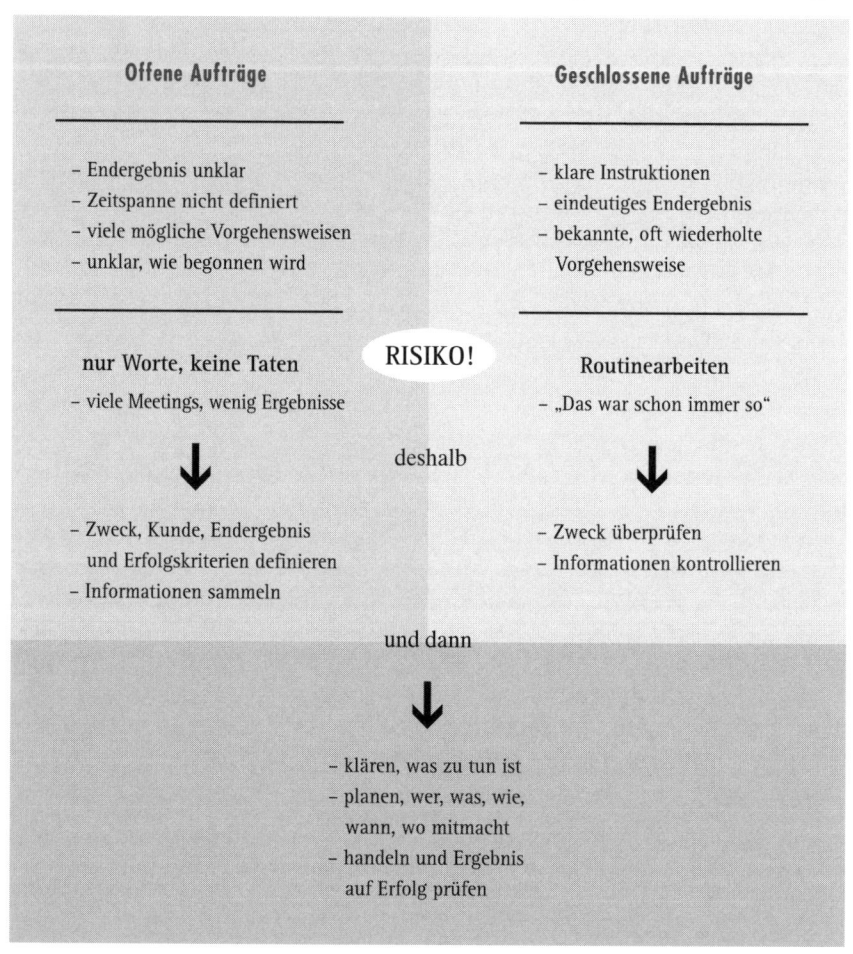

Wir haben eingangs schon gesagt, daß es auch passieren kann, daß der Moderator mit der Gruppe eine Auftragsformulierung erst erarbeiten muß. Das kann, zumal mit größeren Gruppen, schwierig sein. Es ist nicht immer einfach, zu mehreren Personen einen gemeinsamen Text zu verfassen. Hier ist das EIN-Text-Verfahren eine wirksame Hilfe *(Fischer/Patton, Seite 164 f.)*, das folgendermaßen durchgeführt wird:

Der Moderator faßt an einem Punkt der sich im Kreise drehenden Diskussion das bisher Gesagte zusammen und versucht dabei, möglichst alle „im Raum stehenden" Begriffe, Meinungen, Standpunkte einzufangen. Diese Zusammenfassung schreibt er mit Zwischenräumen, die weiteres Ergänzen ermöglichen, auf ein Flipchart oder an die Tafel. Er erklärt dann die Spielregel für das EIN-Text-Verfahren: Wer immer mit dem aufgeschriebenen Text – oder einem Teil davon – nicht einverstanden ist, kann ohne jegliche Begründung oder Diskussion Änderungen vorschlagen, die vom Moderator kommentarlos für alle sichtbar schriftlich nachgebessert werden. Nach jeder Änderung oder Ergänzung liest der Moderator den so veränderten, neuen Text laut vor. Danach kann weiter nachgebessert werden. Teilnehmer dürfen nur abändern, nicht argumentieren. Dieses Verfahren wird so lange fortgesetzt, bis alle mit dem neu entstandenen Text leben können.

Noch bevor es bei unklaren Aufträgen zu einer gemeinsamen Auftragsformulierung kommt, kann es hilfreich sein, sich zu überlegen, was sich hinter dem Problem oder Thema, mit dem sich die Gruppe beschäftigen will, alles verbirgt. Ein erster Überblick über die Thematik erleichtet es, einen Auftrag entsprechend der vorhandenen Ressourcen einzugrenzen. Ein gutes Hilfsmittel, um einen solchen Überblick zu erhalten, ist nach unseren Erfahrungen das Erstellen eines mind-maps.

Ein mind-map, eine Gedanken-Landkarte, ist eine andere Art des Visualisierens. Die Gedanken zu einem Thema werden nicht ordentlich untereinander geschrieben, sondern rund um das Thema mit einem kurzen Stichwort anhand von Hauptästen und Verzweigungen notiert. Man beginnt damit, indem man in die Mitte des Papiers –- bei Gruppen in die Mitte einer Pinnwand – das Thema schreibt und auf Zuruf der Teilnehmer die Aspekte und Ideen dazu auf Hauptästen notiert. Vollständigkeit spielt zunächst keine Rolle, da später weitere Hauptäste ergänzt werden können. Alle weiteren Gedanken zu den Aspekten werden unzensiert den jeweiligen Ästen angehängt oder es wird ein neuer Hauptast gebildet. Wichtig beim Erstellen von mind-maps ist es, die Äste nach außen wachsen zu lassen. Günstig ist es, auf den möglichst waagerechten Linien deutlich zu schreiben. Statt Stichworte können die Äste auch mit Symbolen kenntlich gemacht werden. Der Vorteil des mind-maps liegt in der Möglichkeit, bei Gedankensprüngen auch visuell hin und her zu springen.

Nach und nach erhält man durch das mind-map eine Vertiefung in das anstehende Thema, so daß die Gruppe leichter entscheiden kann, bei welchem Aspekt sie mit ihrer Arbeit ansetzen möchte. Dann kann ein entsprechender Auftrag formuliert werden.

Abb. 2: **Ein mind-map entsteht**

Ob ein Auftrag offen oder geschlossen ist, beeinflußt auch die Zeitplanung. Bei offenen Aufträgen wird wesentlich mehr Zeit für die Auftragsklärung und das Vereinbaren der Ziele benötigt, wogegen bei einem geschlossenen Auftrag die Zeit für diese Stufen bei der Systematischen Vorgehensweise kürzer kalkuliert werden kann. Grundsätzlich gilt für alle Aufträge oder Projektarbeiten: Zeiteinsparung, die am Anfang eines Auftrags zu Lasten ungenauer Auftrags- und Zielklärung vorge-

nommen wird, führt häufig zu Verzögerungen des geplanten Auftrag-
oder Projektendes nach hinten hinaus. Auftragsklärung braucht Zeit,
und wenn die Zeit dafür nicht am Anfang investiert wird, werden die
Unklarheiten während der Abwicklung erheblich mehr Zeit bean-
spruchen *(Siehe folgende Abb. 3)*.

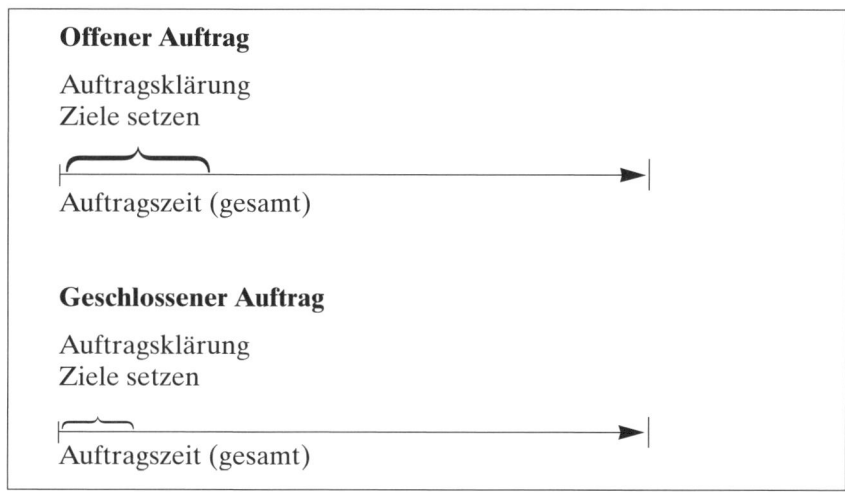

Abb. 3: **Zeitunterschiede in der Auftrags- und Zielerklärung bei offenen und
geschlossenen Aufträgen**

Es kann durchaus sinnvoll sein, bereits vor der Auftragsklärung über
einen Gesamtzeitrahmen zu sprechen. Innerhalb der zur Verfügung stehenden Gesamtzeit empfiehlt es sich, für die Auftragsklärung eine Zeitvorgabe festzusetzen, etwa in der Form: „Können wir versuchen, uns
bis .. ... über den genauen Auftrag klarzuwerden?" Wichtig ist dabei
aus den bereits genannten Gründen ein flexibler Umgang mit der Zeit.
Ist die vorgesehene Zeit für die Auftragsklärung verstrichen, macht es
keinen Sinn, in die Arbeit einzusteigen, wenn der Auftrag doch noch
nicht klar ist.

Die Zeitvorgabe sollte – wie alle Zeitplanungen – für die ganze
Gruppe sichtbar visualisiert werden. Wozu? Um als Moderator die Teilnehmer von Anfang an in die Zeitverantwortung mit einzubinden. Sonst
besteht die Gefahr, daß Sie während eines großen Teils Ihrer Moderation mit Zeitmahnung beschäftigt sind. Die Rolle des dauernden Zeit-

mahners ist eine unnötige Belastung. Die Visualisierung zeigt allen am Prozeß Beteiligten, was die Stunde geschlagen hat. Sie erleichtert unter Umständen auch das Einsetzen eines „Zeitbeauftragten" aus dem Kreis der Gruppe.

Ist der Auftrag geklärt und weiß jeder, was gefordert ist, dann geht der Moderator oder ein eingesetzter Zeitbeauftragter daran, zusammen mit der Gruppe einen groben Zeitplan für den weiteren Ablauf des Geschehens festzulegen. Grob deshalb, weil die Einzelheiten der Abläufe noch nicht feststehen und von daher eine genauere zeitliche Einschätzung zu diesem Zeitpunkt schwierig sein dürfte. Aber grobe Vorgaben sind bereits zu diesem Zeitpunkt wertvolle Anhaltspunkte, damit nicht ins „Grenzenlose" hineingearbeitet wird und damit wertvolle Zeit verlorengeht.

Wichtig ist, daß der zu diesem Zeitpunkt entstehende grobe Zeitplan später, beim Vorliegen genauerer Kenntnisse des Ablaufs, Schritt für Schritt verfeinert wird. Gut für den Moderator, wenn er diese Aufgabe rechtzeitig delegiert hat. Noch besser, wenn der Beauftragte für die Zeitplanung sich einer sinnvollen Visualisierung bedient, die allen Beteiligten auch die sich ständig verändernde Zeitsituation deutlich vor Augen führt.

4.3 Ziele vereinbaren

Wir erleben es im Arbeitsalltag immer wieder, daß Tätigkeiten angeordnet werden oder geschehen, ohne daß ihr Sinn hinlänglich definiert worden wäre oder erkennbar wird oder gar vorhanden zu sein scheint. Arbeiten ohne Ziel ist die Konsequenz und das, obwohl Ziele gebraucht werden, an denen man sich orientieren kann. „Ziele sind gewissermaßen die Leuchtfeuer für das Handeln ...", so beschreibt Dietrich Dörner *(Dörner, Seite 74)* in einem schönen Bild die Bedeutung von Zielen.

Die folgende *Abb. 4* verdeutlicht, wie wichtig Ziele sind, um in einer Gruppe zu arbeiten. Ohne Ziele läuft jeder Teilnehmer in seine eigene Richtung. Erst gemeinsame Ziele bündeln die Teilnehmer zu einer Gruppe. Je weiter jedes einzelne Gruppenmitglied schon seinen eigenen Weg beschritten hat, und sei es auch nur gedanklich, desto schwieriger wird es für den Moderator, die Teilnehmer auf einen gemeinsamen Weg zu konzentrieren. Das frühzeitige Klären der gemeinsamen Ziele ist deshalb außerordentlich wichtig.

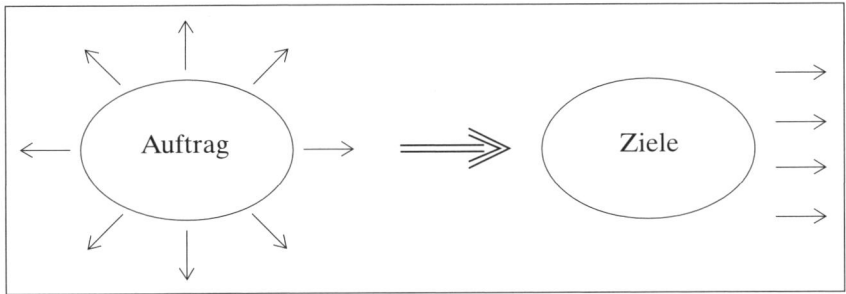
Abb. 4: **Durch gemeinsame Ziele entsteht ein Team**

Geht es beim Handeln ohne Ziel um die Arbeit eines einzelnen, so ist dies schlimm genug, aber vielleicht nur zu seinem eigenen Nachteil. Geht es jedoch um das Zusammenwirken mehrerer Beteiligter, so können unter solchen Umständen befriedigende Ergebnisse kaum eintreten.

Für die Zusammenarbeit mit anderen ist es also unverzichtbar, am Arbeitsanfang Ziele zu erkennen, herauszuarbeiten und zu definieren. Aufgabe des Moderators ist es, diese Zieleklärung herbeizuführen. Das sorgfältige Klären der Ziele kostet jedoch Zeit, und gerade in der Anfangsphase bilden sich in Gruppen – ähnlich wie beim Klären des Auftrags – häufig Widerstände, diese Zeit zu investieren.

Eine Möglichkeit, diesem Widerstand zu begegnen, ist es, die inhaltliche Arbeit der Gruppe für einige wenige Minuten zu unterbrechen und als Moderator auf einer anderen Ebene, auf der Meta-Ebene, die Fragen zu stellen „Wozu nutzen Ziele?", Was bringt uns das?". Der Moderator sammelt die Antworten, entweder indem er auf Zuruf mitschreibt oder die Teilnehmer bittet, ihre Antworten mit einem dicken Stift auf Karten zu schreiben.

In der Regel genügen fünf Minuten, um eine Sammlung von Antworten an die Wand zu bringen. Ein mögliches Ergebnis zeigt die folgende Übersicht.

Übersicht 5: **Wozu nutzen Ziele? Was bringt uns das?**

– um zu motivieren,	– um die Richtung zu weisen,
– um den Sinn des Tuns zu erkennen,	– um eine Vision des Endproduktes zu entwerfen,
– um die Tätigkeit zu legitimieren,	– um sich gegen Fremdbewertung abzusichern,
– um zur Zusammenarbeit zu motivieren,	– um die Arbeit optimal zu planen,
– um Ressourcen zu bestimmen,	– um Einigkeit herzustellen,
– um Beiträge und Ideen einordnen zu können,	– um unnötige Streitereien zu vermeiden,
– um Streß abzubauen,	– um zu klären, wo wir eigentlich hinwollen.
– um Zeit besser zu nutzen,	

Durch diese Abfrage und durch die verschiedenen Antworten beginnen die Teilnehmer die Bedeutung der Zieleklärung mehr und mehr einzusehen. Ihnen wird bewußter, in welchem Prozeß sie sich befinden.

Klare Ziele zu setzen oder zu erkennen, ist nicht einfach. Manchen Menschen fällt es leicht, ihre Absichten zu definieren, während es anderen außerordentlich schwerfällt, sich über Ziele klarzuwerden. Auch hier gibt es in einer Gruppe von Moderierten große Unterschiede und ganz spezielle Stärken bei manchen Beteiligten, die die Gruppe und der Moderator für die Stufe „Ziele vereinbaren" einsetzen kann. Die folgende Übersicht enthält Beispiele für Prozeßstärken, die in dieser Stufe nützlich sind.

Übersicht 6: **Prozeßstärken für die Stufe „Ziele vereinbaren"**

– Erkennen von Ergebnissen, die kurzfristig erreicht werden können,
– Ausformulierung klarer, eindeutiger Antworten auf die Frage „Wozu?",
– Hinterfragen von Zielen,
– Benennen spezifischer, überprüfbarer Erfolgskriterien,
– eine Vision haben.

Dort, wo Menschen aufgrund gleichartiger Zielvorstellungen, aber gleichwohl aus unterschiedlichen Beweggründen zusammenarbeiten, werden dieselben analytischen Zielfragen zu mehr oder weniger unterschiedlichen Antworten führen. Nur selten werden sich auf Anhieb völlig übereinstimmende Zielbeschreibungen ergeben.

Ein einfaches Beispiel soll verdeutlichen, wie in gleichartiger Tätigkeit dennoch unterschiedliche Ziele erreicht werden können: Zwei Menschen gehen miteinander die gleiche Straße entlang, der eine, um sich eine Schachtel Streichhölzer zu kaufen, der andere, um sich die Beine zu vertreten. Das eine Ziel „Streichhölzer kaufen" bestimmt die Richtung des Gehens, das andere Ziel „Beine vertreten" eher seine Dauer und möglicherweise sein Tempo.

Dem Moderator obliegt es, derartige verknüpfbare Zielsetzungen miteinander in Einklang zu bringen, wobei es in der Realität vielfach darum gehen dürfte, mehrere sich unterschiedlich verzweigende Zielsetzungen in einem gemeinsamen, hilfreich ineinandergreifenden Vorgehen zu erreichen.

Für die Zusammenarbeit mit anderen Menschen ist es unverzichtbar, am Arbeitsanfang gemeinsame Ziele zu definieren.

Bevor er sich derartigen Kombinationsmöglichkeiten widmen kann, muß er zuerst einmal unter den unterschiedlichen individuellen Vorstellungen des zu erreichenden Ziels in den Reihen seiner Teilnehmer Ordnung schaffen. Arbeitet der Moderator mit der sehr allgemeinen Frage „Was ist unser Ziel?", dann wird er an den Reaktionen der Teilnehmer schnell merken, daß bei dem Wort Ziel in den Köpfen der Menschen ganz Unterschiedliches zu passieren scheint.

Einige Gruppenmitglieder deuten auf den Auftrag und sagen: „Das ist das Ziel, das wir erreichen müssen." Bei anderen fallen Begriffe wie: Ergebnis, Soll, Endpunkt, Vorgabe, Zweck, Target, Sinn, Objektive, und was es noch so alles gibt in der leicht anglisierten, vom Projektmanagement beeinflußten Terminologie. Auf jeden Fall sind es Begriffe, Vorstellungen und Gedanken, die nicht alle miteinander deckungsgleich sind und die deshalb in den Köpfen der beteiligten Menschen ganz unterschiedliche Vorstellungen hervorrufen.

Daraus ergeben sich dann die sogenannten Zieldivergenzen, die es unmöglich machen, daß eine solche Gruppe von Menschen am gleichen Strang zieht und an dem gleichen Endpunkt anlangt. Der Konflikt ist vorprogrammiert. In der Tat zeigt die Erfahrung, daß die überwiegende Mehrheit aller Konflikte im Arbeitsleben letztlich aus der Tatsache unterschiedlicher Ziele zu erklären ist.

Der Moderator muß also bemüht sein, die Beteiligten aus den unterschiedlichen Zielvorstellungen, die oft nur unterschiedliche Herangehensweisen repräsentieren, in einem eindeutigen Klärungsprozeß herauszuführen und sie auf eine gemeinsame, akzeptierte Zielformulierung festzulegen. Das ist nicht einfach – aber dringend notwendig.

Wir empfehlen, hier mit der im *Kapitel 4.1* vorgestellten Systematischen Vorgehensweise von Coverdale an die Problematik heranzugehen. Dort wird aufgrund langjähriger Erfahrung in der Praxis die Zielphase in vier Schritte unterteilt:

1. Schritt: Die Frage „Was soll in der zur Verfügung stehenden Zeit erreicht werden?"

Diese Frage schafft Klarheit darüber, was konkret bis zum Auftragsende erarbeitet werden soll, welches Endergebnis zu diesem Zeitpunkt vorliegen soll. Eine frühe Klärung der Gestalt des gewünschten Ergebnisses liefert eine Orientierung, was getan werden muß.

Beispiel: Lautet der Auftrag „Machen Sie eine Bestandsaufnahme aller Fenster in diesem Bürogebäude", bedeutet es einen Unterschied, ob dem Auftraggeber ein mündlicher Bericht geliefert werden soll oder ob eine detaillierte Zeichnung über die Größe und Form der Fenster anzufertigen ist.

2. Schritt: Die Frage „Für wen?"

Diese Frage stellt den Bezug her zum Auftraggeber, zum Endnutzer, zur Zielgruppe. Diese unterschiedlichen Personen oder Personengruppen können identisch oder aber verschieden sein. Vielfach firmieren sie pauschal unter dem Begriff „Kunde". Bedeutsam ist, daß sie möglicherweise unterschiedliche – im Extremfall einander widersprechende – Anforderungen an das Endergebnis stellen. Um so wichtiger ist es, diese Kunden zu kennen, um daraus entweder Rückschlüsse auf deren Bedürfnisse oder Anforderungen ziehen zu können oder aber um ganz konkret bei ihnen rückfragen und weitere Details im Sinne der Zielerreichung abstimmen zu können.

Beispiel: Wird der oben erwähnte Auftrag vom firmeninternen Bauingenieur erteilt, aber eine Baufirma am Ort führt dann dort die Baumaßnahme durch, dann ist der Bauingenieur der Auftraggeber und die Baufirma Endnutzer des Ergebnisses.

3. Schritt: Die Frage „Wozu?"

Diese Frage ist hilfreich, um den Sinn und Zweck des Auftrags und damit des weiteren Tuns zu klären.

Beispiel: Im erwähnten Auftrag: „Machen Sie eine Bestandsaufnahme . . .", so bedeutet es für das weitere Bearbeiten einen Unterschied, ob die Antwort auf die Frage „Wozu?" lautet, „ . . . um die Größe der gesamten Glasfläche für den Abschluß einer Versicherung zu kennen" oder „ . . . um die Fenstertypen im Rahmen einer Baumaßnahme zu vereinheitlichen."

4. Schritt: Die Frage „Woran messen wir das Ergebnis?"

Durch diese Frage werden die Anforderungen an das Endergebnis genau definiert. Erst durch das Festlegen von Erfolgskriterien ist es später möglich, die Zielerreichung zu überprüfen. Erfolgskriterien sind Kriterien, anhand derer man im nachhinein objektiv feststellen kann, ob erfolgreich gearbeitet wurde, d. h. ob und mit welcher Qualität das geplante Endergebnis erreicht worden ist. Wichtig ist, daß Erfolgskriterien präzise abgefaßt und entweder meßbar sind oder aber die Art der Überprüfung vereinbart wurde.

Beispiel: Mögliche Erfolgskriterien für den Beispielsauftrag wären:
– Die Bestandsaufnahme ist übersichtlich gegliedert.
– Alle Fenster, inklusive der Dachfenster, wurden erfaßt.
– Der Bericht liegt in vierfacher Ausfertigung zum Auftragsende vor.

Stellt man dann zum Ende der Auftragsbearbeitung fest, daß man zwar rechtzeitig fertig wurde, jedoch aus Zeitmangel eine unübersichtliche Aufstellung liefern mußte, dann wurde eines der Erfolgskriterien nicht erreicht, d. h. es handelt sich nur um einen Teilerfolg.

Werden diese vier Fragen vollständig beantwortet, dann kann der Moderator sicher sein, daß die Ziele wirkungsvoll definiert und eingegrenzt werden. Das gemeinsame Bearbeiten dieser Zielfragen schafft die gewünschte Klarheit.

Damit alle vier Fragen gestellt und beantwortet werden, hat Coverdale ein visuelles Hilfsmittel entwickelt: die Zielscheibe *(Abb. 5)*. Als „Eselsbrücke" soll dieses Instrument es erleichtern, sich an alle vier Aspekte der kompletten Zielklärung zu erinnern.

Es empfiehlt sich für den Moderator, eine derartige Zielscheibe auf das Flipchart oder auf dem Packpapier einer Pinwand großflächig aufzuzeichnen und gemeinsam mit allen Beteiligten auszufüllen.

Wichtig ist, daß der Moderator die Gruppe Schritt für Schritt durch die methodische Beantwortung aller vier Fragenkomplexe hindurchführt. Erst der Prozeß sorgfältiger, bis ins Detail gehender Bearbeitung – auch in der sprachlichen Ausformulierung – bringt den Erfolg. Geben Sie sich als Moderator nicht mit Stichworten zufrieden, denn die führen später wieder zu Mißverständnissen. Bestehen Sie auf komplette Ausformulierungen.

Auf die Frage „Wozu?" werden beispielsweise häufig Schlagworte als Antworten gegeben, die später bei Konflikten interpretierbar sind. Halten Sie deshalb als Moderator – auch wenn es mehr Schreibarbeit bedeutet, mühselig ist und kleinlich wirkt – die vollständige Antwort fest, nämlich „ ... um ... zu erreichen."

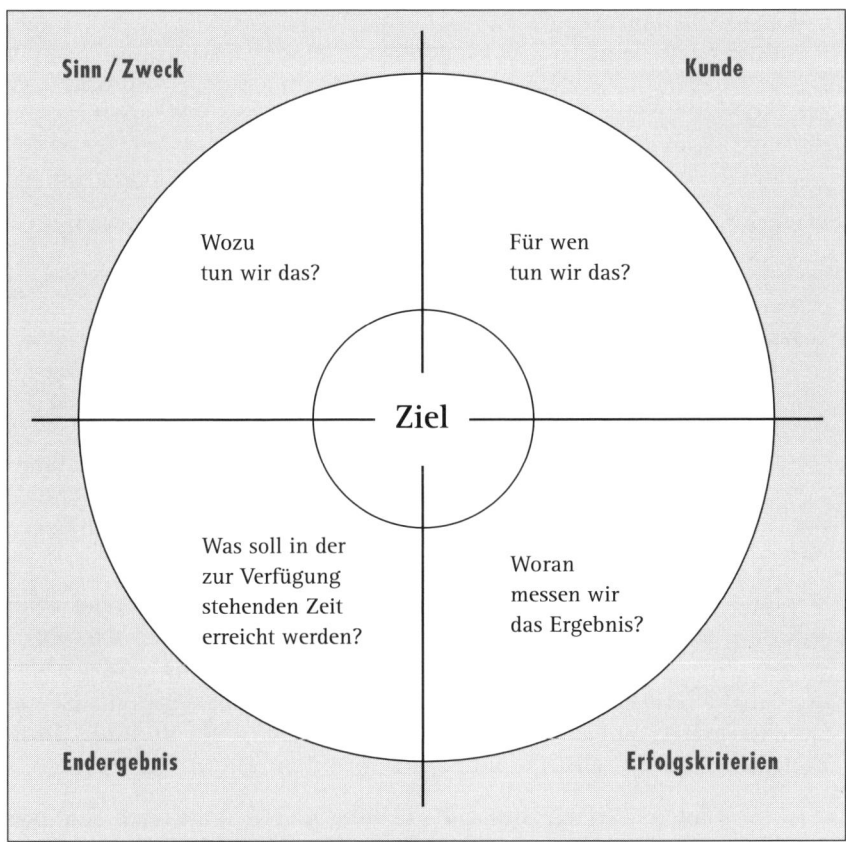

Abb. 5: **Eine Zielscheibe als visuelles Hilfsmittel zur Klärung der Ziele**

Das folgende Beispiel zeigt nochmals, wie für einen Auftrag die Antworten auf die vier Zielfragen möglicherweise aussehen könnten:

Auftrag: Entwickeln Sie einen Fragebogen für die Teilnehmer an Fortbildungsveranstaltungen unseres Unternehmens, um herauszufinden, was sie gelernt haben.

Was soll bis Jahres-ende erreicht sein?	Ein Fragebogen.
Für wen tun wir das?	Für die Teilnehmer an Fortbildungsveranstal-tungen, für unsere Weiterbildungsabteilung.
Wozu tun wir das?	... um die Wirkungsweise der Fortbildungs-veranstaltung zu ermitteln.
Woran messen wir das Ergebnis?	– Der Fragebogen liegt bis 31. 12. (in .. ... Exemplaren) gedruckt vor. – Der Fragebogen enthält Fragen zu allen Arten von Fortbildungsveranstaltungen unseres Hauses. – Die Fragen sind während der Entwicklung des Fragebogens durch eine Gruppe von mindestens 50 Personen getestet und be-wertet worden.

Nachdem die klärenden Diskussionen über die Ziele beendet sind, kann der Moderator versuchen, das Erreichte durch Konsens so abzu-sichern, daß alle einverstanden sind. Durch den Konsens wird verhin-dert, daß die Gruppe sich im weiteren Prozeß, d. h. in der Systematischen Vorgehensweise, immer wieder mit Zielen beschäftigt und zur Stufe „Ziele vereinbaren" zurückkehren muß.

Ein Zurückkehren zur Stufe „Ziele vereinbaren" kann sich dennoch manchmal als notwendig erweisen, nämlich dann, wenn sich später im weiteren Vorgehen herausstellt, daß die Zielklärungen und Zielverein-barungen auf der Basis überholter Informationen getroffen wurden. Neue Information ist der einzige akzeptable Grund für ein Zurückgehen zu früheren Phasen der Systematischen Vorgehensweise und – wenn not-wendig – für ein Neudefinieren von Zielen.

Für die Reihenfolge des Ausfüllens oder Beantwortens der vier ver-schiedenen Fragekomplexe gibt es keine allgemeingültigen Regeln. Sie wird häufig von der Art des Auftrags abhängen. Am einfachsten, be-sonders bei wenig Erfahrung im Umgang mit dem Instrument Ziel-scheibe, ist es, beim zeitlichen Endpunkt des Auftrags zu beginnen und die Frage „Was soll bis ... Uhr (oder bis zum .../Datum) erreicht sein/als Endergebnis vorliegen?" zu beantworten. Voraussetzung ist dazu allerdings immer, daß genügend Informationen zu einem Endprodukt zu diesem Zeitpunkt möglich oder vorhanden sind. Diese Informationen müssen nicht 100 %ig konkret sein, manchmal genügt es, in der Gruppe eine gemeinsame Vision von dem Endergebnis in der Gruppe zu entwickeln. Im späteren Verlauf des Prozesses, beim Vorliegen ergänzender Informationen, kann dieses Ergebnis noch weiter spezifiziert werden.

Bei anderen Aufträgen oder Projekten ist es vielleicht sinnvoller, mit den Fragen „Wozu sollen/wollen wir das machen? Wozu dient der Auftrag? Was soll damit bezweckt werden?" einzusteigen.

Auch kann es durchaus sein, daß es dem Moderator hilfreicher erscheint, mit dem Kunden zu beginnen und die Fragen „Für wen machen wir das? Wer ist unser Auftraggeber und/oder Endnutzer? Wem nutzt das, was wir machen wollen/sollen?" zu klären. Wir sehen aus den Fragen, daß es mehrere Antworten für diesen Quadranten der Zielscheibe geben kann: Auftraggeber, Nutzadressat, Verwender, Zielgruppe etc. Alle Antworten auf diese Fragen sind wichtig, weil sie Einfluß auf die Qualität und die Richtung unserer Arbeit haben und weil sie die Erfolgskriterien entscheidend mitbestimmen.

Bei den Erfolgskriterien – oder auch Meßkriterien, Pflichtenheft, Spezifikation oder Anforderungsprofil – unterscheiden wir zwischen kurz- und langfristig. Kurzfristige Erfolgskriterien sind auf den Zeitpunkt Auftrags- oder Projektende zugeschnitten. Wir brauchen kurzfristige Erfolgskriterien, die zu diesem Zeitpunkt überprüfbar sind, um den Erfolg der Arbeit bei Beendigung und Abgabe kontrollieren zu können. Langfristige Erfolgskriterien können erst in der Zukunft geprüft werden. Sie beziehen sich häufig auf den Sinn und Zweck des Auftrags und geben der Arbeit damit die Richtung.

Unterschiedliche zeitliche Ebenen sind eine der größten Schwierigkeiten beim Klären von Zielen. Häufig werden kurzfristig (untergeordnete) und langfristige (übergeordnete) Ziele miteinander vermischt. Die kurzfristigen Ziele verdeutlichen in der Regel, was unmittelbar zu geschehen hat, damit langfristigere Ziele erreicht werden können. Kurzfristige Ziele geben meist keinen Hinweis auf den Gesamtkontext, in dem sie stehen. Dagegen geben langfristige Ziele anschaulich den Gesamtzusammenhang wieder, ohne aber im Einzelnen daraus Aktivitäten abzuleiten.

Die Problematik dieser unterschiedlichen zeitlichen Ebenen verdeutlicht folgendes Beispiel:

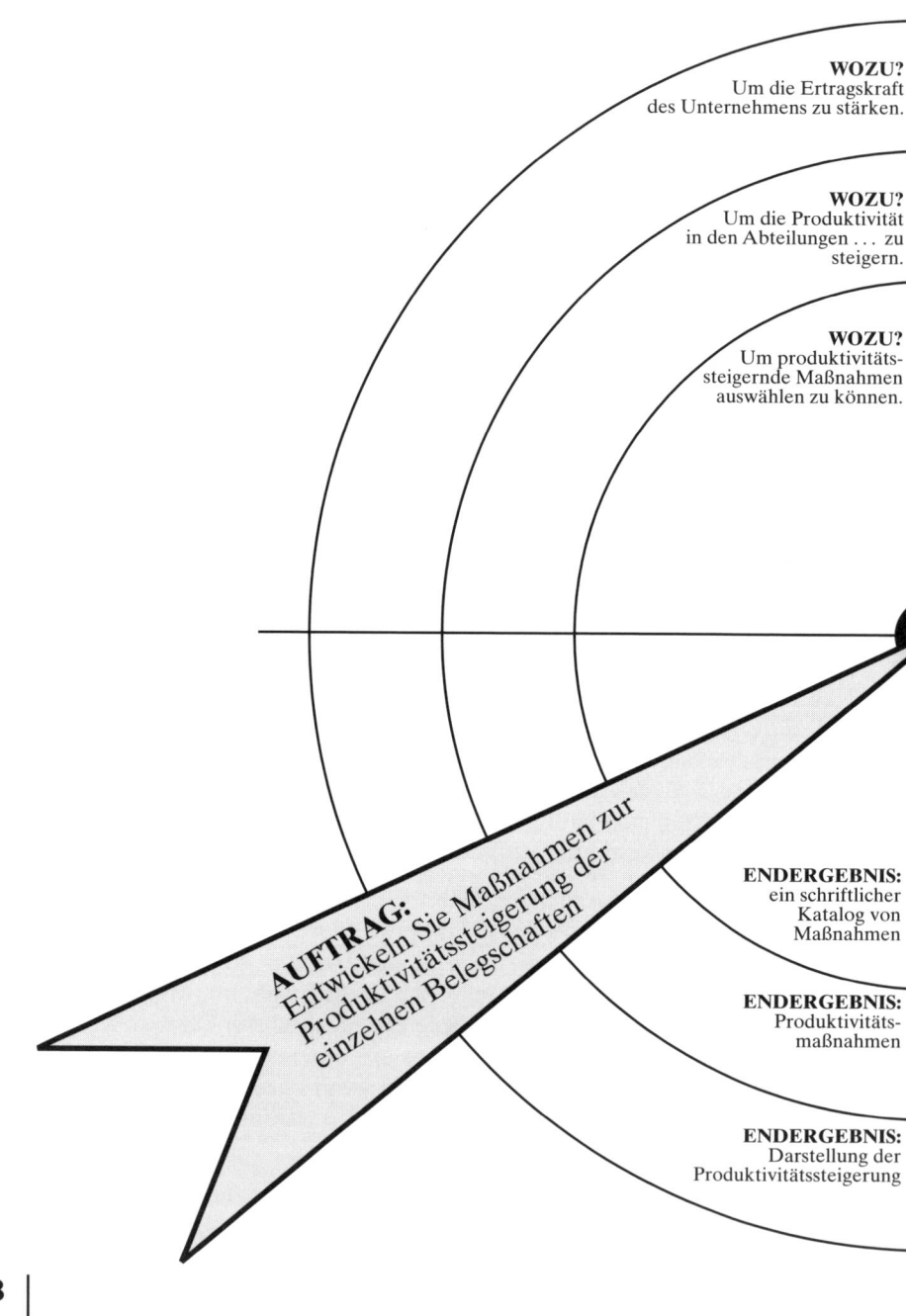

WOZU?
Um die Ertragskraft
des Unternehmens zu stärken.

WOZU?
Um die Produktivität
in den Abteilungen ... zu
steigern.

WOZU?
Um produktivitäts-
steigernde Maßnahmen
auswählen zu können.

AUFTRAG:
Entwickeln Sie Maßnahmen zur
Produktivitätssteigerung der
einzelnen Belegschaften

ENDERGEBNIS:
ein schriftlicher
Katalog von
Maßnahmen

ENDERGEBNIS:
Produktivitäts-
maßnahmen

ENDERGEBNIS:
Darstellung der
Produktivitätssteigerung

58

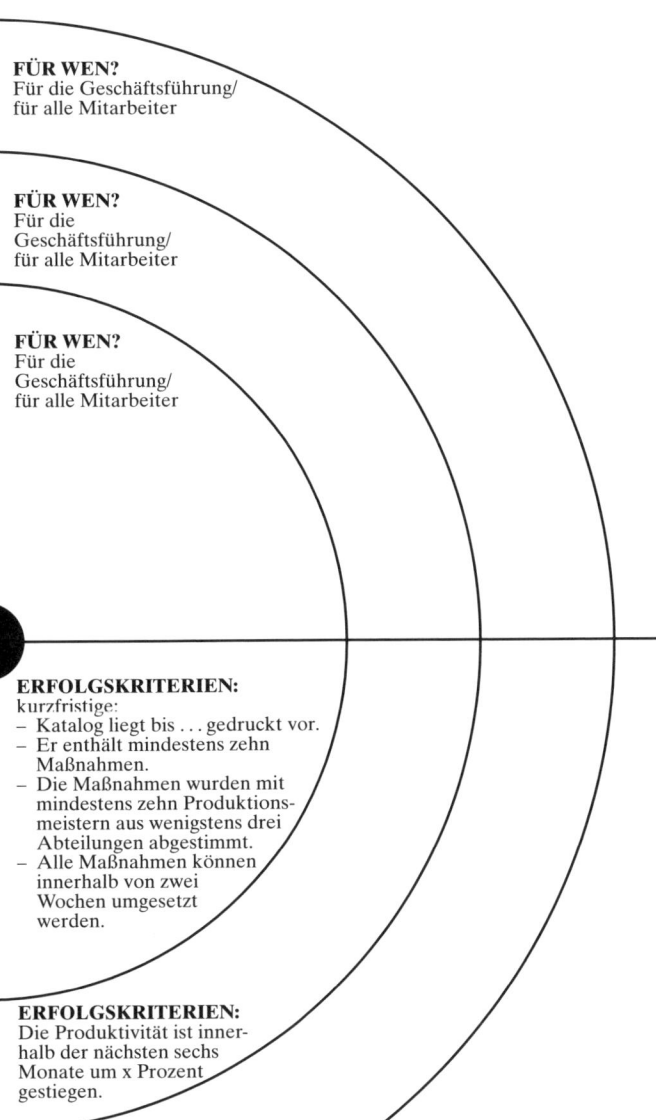

FÜR WEN?
Für die Geschäftsführung/
für alle Mitarbeiter

FÜR WEN?
Für die
Geschäftsführung/
für alle Mitarbeiter

FÜR WEN?
Für die
Geschäftsführung/
für alle Mitarbeiter

ERFOLGSKRITERIEN:
kurzfristige:
– Katalog liegt bis . . . gedruckt vor.
– Er enthält mindestens zehn
  Maßnahmen.
– Die Maßnahmen wurden mit
  mindestens zehn Produktions-
  meistern aus wenigstens drei
  Abteilungen abgestimmt.
– Alle Maßnahmen können
  innerhalb von zwei
  Wochen umgesetzt
  werden.

ERFOLGSKRITERIEN:
Die Produktivität ist innerhalb der nächsten sechs
Monate um x Prozent
gestiegen.

ERFOLGSKRITERIEN:
In der G+V zum nächsten Jahres-
ultimo sind die Steigerungen
quantitativ eindeutig
nachweisbar.

Abb. 6: **Zielesystem**

Das kurzfristige Ziel ist in dem dargestellten Beispiel das Aufstellen des Maßnahmenkatalogs, und für dieses Ziel gibt es konkrete, kurzfristige, bei Übergabe des Katalogs nachprüfbare Erfolgskriterien. Auftraggeber und Auftragnehmer können gemeinsam den Erfolg des direkten Arbeitsergebnisses kontrollieren.

Nicht überprüfbar sind zu diesem Zeitpunkt die langfristigen Erfolgskriterien. Wie in dem Beispiel deutlich wird, beziehen sich diese Erfolgskriterien auf den Sinn und Zweck des Auftrages, und zwar nicht auf den aktuellen Sinn und Zweck, sondern auf mehrere zukünftige Zwecke. Sie erläutern zusätzlich den Hintergrund des Auftrags, sind aber für die aktuelle Bearbeitung zunächst zweitrangig und nur wichtig, um der Arbeit eine zusätzliche Vision zu geben.

Bei der Moderation muß deutlich werden, daß die kurzfristigen Ziele im Mittelpunkt des Prozesses stehen. Langfristige Ziele sind zu global und müssen spezifiziert werden, um einen für jeden in der Gruppe verständlichen Wegweiser für die nächsten Stufen der Systematischen Vorgehensweise zu haben und um planen und umsetzen zu können. Hier ist der Moderator gefragt, besonders auf die Machbarkeit der Zielerreichung im Rahmen der zur Verfügung stehenden Ressourcen (Zeit, Geld, Personal etc.) zu achten. Diese Überlegungen sind ein wichtiger Baustein insbesondere für das Gelingen von Projekten. Die Erfahrung zeigt, daß unrealistische Zielvorstellungen schon so manches Projekt haben scheitern lassen! *(Siehe auch das Ziele-Netzwerk auf S. 117 f.)*

Noch ein Hinweis für den Moderator: Wir benutzen in der Stufe „Ziele vereinbaren" ganz bewußt den Plural und schreiben Ziele, nicht Ziel. Zum einen gibt es für jeden Auftrag zeitlich unterschiedliche Ziele, aber auch innerhalb ein und derselben Zeitspanne sind mehrere Antworten auf die Frage „Wozu?" zulässig. Erinnern Sie sich an das Beispiel, in dem zwei Menschen miteinander die gleiche Straße entlang gehen. Einer will Streichhölzer kaufen, der andere sich bewegen. Beide Ziele sind in dem Fall möglich.

Auch bei einer Abfrage im Rahmen der Moderation werden meist mehrere Ziele genannt. Der Moderator stellt dann in einem ersten Schritt sicher, daß sich die Gruppe auf die kurzfristigen Ziele konzentriert. Im zweiten Schritt müssen die kurzfristigen Ziele auf Kompatibilität überprüft werden. Sind sie vereinbar, können sie stehen bleiben. Können Ziele nicht gemeinsam verfolgt werden, müssen einige wieder eliminiert werden.

Wichtig ist es, die Plausibilität der Zielscheiben-Quadranten untereinander abzustimmen: Paßt beispielsweise das Endergebnis zu dem eingetragenen Sinn/Zweck? Wurden bei dem angestrebten Endergebnis und den Erfolgskriterien auch alle Kundenanforderungen berücksichtigt? Können mit dem angestrebten Endergebnis die festgeschriebenen Erfolgskriterien erfüllt werden?

Zum Abschluß unserer Zielbetrachtungen möchten wir noch einmal betonen, wie wichtig der Konsens für den Gruppenprozeß ist. Konsens heißt nicht nur Einwilligung oder Zustimmung, sondern auch Billigung, ja Genehmigung. Diese Genehmigung muß der Moderator zu allem, was in der Zielscheibe eingetragen wurde, einholen. Und diese Genehmigung muß so ausdrücklich erfolgen, wie nur irgend möglich. Auf die nicht empfehlenswerte Form der Genehmigung durch bloßes Nicken wurde schon hingewiesen. Der Nick-Konsens ist zu schwach. Er reicht als Genehmigung nicht aus und ist deshalb keine Basis, auf die der Moderator später zurückgreifen könnte, wenn Teilnehmer anfangen zu zweifeln: „So habe ich das gar nicht gesehen, so habe ich das nicht verstanden!".

Mehr zum Thema Konsens und der Art und Weise, wie man diesen absichern kann, wird in *Kapitel 5.2* erläutert.

4.4 Informationen zusammentragen

Nach der Auftragsklärung und der Zieledefinition sind in der Arbeitsgruppe oder in dem Projektteam Informationen vorhanden, wie die vereinbarten Ziele erreicht werden können. Doch meist reichen diese Informationen nicht aus. Um einen Arbeitsplan entwickeln zu können, der sicherstellt, daß alle Erfolgskriterien erfüllt werden können, werden in der Regel weitere Informationen, beispielsweise von einem Spezialisten, benötigt.

Doch Informationen werden nicht nur benötigt, bevor ein Arbeitsplan erstellt werden kann, sondern eine Informationsphase kann unter Umständen schon vor dem Vereinbaren der Ziele notwendig sein. Auch während der Auftragsklärung kann eine gemeinsame Stufe „Informationen zusammentragen" zwischengeschaltet sein.

Die Form der Übersicht bei der Systematischen Vorgehensweise von Coverdale darf nicht darüber hinwegtäuschen, daß „Informationen zusammentragen" eine Stufe ist, die je nach Auftragstellung und gegebener

„Informationen zusammentragen" spielt auf jeder Stufe der Systematischen Vorgehensweise eine Rolle.

Informationssituation überall und an jeder Stelle notwendig sein kann. Dann werden entsprechende Aktivitäten erforderlich, die der Moderator einleiten muß. Wir möchten an dieser Stelle daran erinnern, daß die Systematische Vorgehensweise ein flexibles Instrument ist, deren Ablauf in Stufen und nicht linear, sondern als Zyklus oder Regelkreis zu betrachten ist. *Übersicht 3 auf Seite 40* hat dies bereits verdeutlicht.

In dem in *Kapitel 4.3* dargestellten Beispiel „Entwickeln Sie einen Fragebogen . . . " sind Daten eingeflossen, die nicht allein aus der Auftragstellung zu entnehmen waren. Also mußten hier vor dem Ausfüllen der Zielscheibe Informationen erhoben werden, z. B. Datum der Fertigstellung, Größe einer Testgruppe oder die Zuständigkeit eines genauen Auftraggebers (im Beispiel die Fortbildungsabteilung). Hier wurden also ganz gezielt für das Vereinbaren der Ziele relevante Informationen eingeholt und in der Zieledefinition verwendet.

Dieser Vorgang macht deutlich, daß „Informationen zusammentragen" in jeder Stufe der Systematischen Vorgehensweise eine Rolle spielen kann. Der Moderator sollte deshalb stets die Möglichkeit vorsehen, eine Informationssammlung zu dem, was gerade als nächster Schritt ansteht, durchzuführen. Beispielsweise indem er ein Brainstorming veranstaltet oder ganz gezielt Wege diskutiert, über die die notwendige Information beschafft werden kann. Grafisch kann das wie in der nachfolgenden *Übersicht 7* dargestellt werden.

Übersicht 7: **Beispiel für das Vorgehen bei der Informationssammlung**

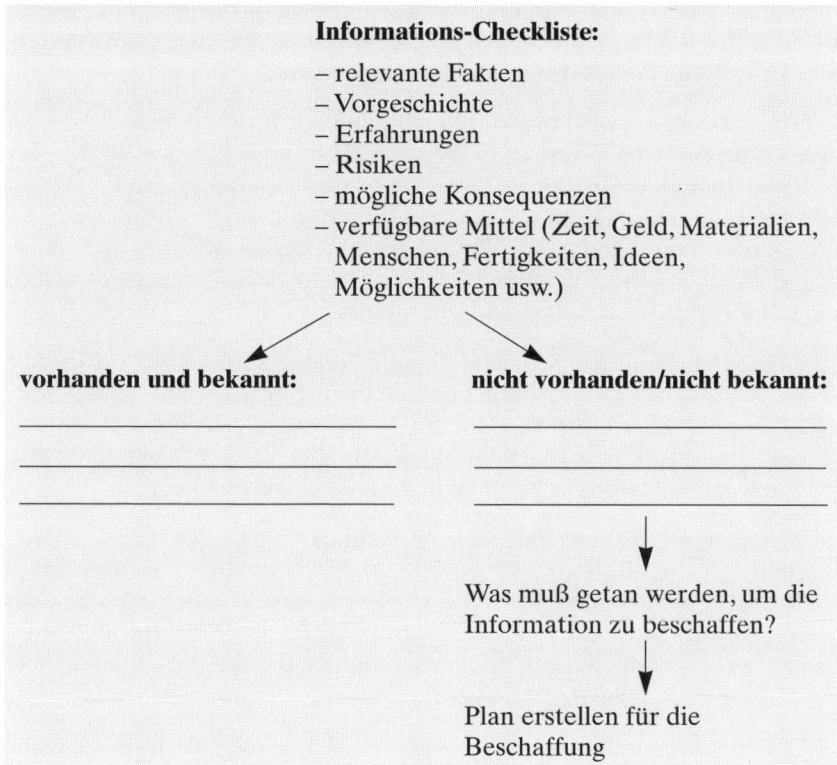

Informations-Checkliste:

– relevante Fakten
– Vorgeschichte
– Erfahrungen
– Risiken
– mögliche Konsequenzen
– verfügbare Mittel (Zeit, Geld, Materialien,
  Menschen, Fertigkeiten, Ideen,
  Möglichkeiten usw.)

vorhanden und bekannt: **nicht vorhanden/nicht bekannt:**

Was muß getan werden, um die
Information zu beschaffen?

Plan erstellen für die
Beschaffung

Zum Thema Information wird der Moderator deshalb ganz besonders gefordert, weil er sich gedanklich häufig vom Gruppenprozeß lösen muß, um rechtzeitig Weichenstellungen für die Informationsbeschaffung setzen zu können. Das Beschaffen von Information kann im Vorfeld oft arbeitsteilig erfolgen. Der Moderator muß in solchen Situationen erkennen, daß es sinnvoll und zeitsparend sein kann, ein Gruppenmitglied mit dem Einholen bestimmter Informationen zu beauftragen, während die Gruppe an anderen Aufgaben – zum Beispiel der Zieledefinition – weiterarbeitet.

Bei einer Arbeitsteilung, wie in diesem Fall, aber auch bei Arbeitsteilungen in anderen Stufen der Systematischen Vorgehensweise, hat der Moderator die Aufgabe, für die Integration der Arbeitsgruppe oder derjenigen Person, die zeitweise nicht am Gruppenprozeß teilnehmen konnte, zu sorgen. Im Falle der Informationsbeschaffung erfolgt also ein gegenseitiger Informationsaustausch. Der Informationsbeschaffer informiert die Gruppe über die eingeholte Information und die Gruppe informiert ihn darüber, was in der Zwischenzeit in der Gruppe diskutiert oder in anderen Arbeitsgruppen erarbeitet wurde.

Der Moderator wird einen individuellen Auftrag, wie beispielsweise zusätzliche Informationen zu beschaffen, nicht aus eigener Initiative an ein oder mehrere Gruppenmitglied(er) erteilen, sondern der Gruppe nahelegen, so zu agieren, um rechtzeitig die nötigen Informationen zu bekommen. Vom Moderator wird in diesem Zusammenhang in hohem Grade die Kunst des Antizipierens, des „Im-voraus-Erkennens dessen, was die Gruppe brauchen wird", abverlangt.

Abgesehen von der Notwendigkeit, stets und ständig auf Informationsbedarf reagieren zu müssen, entsteht die eigentliche und zeitlich aufwendigste Informationsphase in der Regel dann, wenn die Ziele bestimmt sind und bevor die Planungsphase, also die Überlegungen, wie die Ziele erreicht werden können, in Angriff genommen wird.

Zweckmäßig ist es, daß der Moderator auch die Informationsbeschaffung systematisch angeht. Wie in der *Übersicht 7* bereits angedeutet, sollte am Anfang die Überlegung stehen: Was haben wir schon an Information? Und dann erst: Was benötigen wir noch an Information? Dieser zweite Schritt muß dann in eine systematische Planung zur Beschaffung der Information einmünden.

Die Erfahrung mit Gruppen zeigt, daß sich gerade in der Informationsphase immer ganz bestimmte Gruppenmitglieder profilieren möchten, weil ihre Stärken in der Informationsbeschaffung liegen. Sie haben in der Regel während der Auftragsklärung und Zieledefinition schon ungeduldig auf den Moment gewartet, wo ihre Stärke gefragt wird – und jetzt muß der Moderator aufpassen, daß sie nicht „davonstürmen" und damit die systematische Planung verhindern.

Darum ist es um so vorteilhafter, wenn der Moderator schon in der Vorphase dahingehend gewirkt hat, daß diese „Info-Spezialisten" arbeitsteilig eingesetzt wurden, um Vorabinformationen zu beschaffen.

4.5 Was muß getan werden?

In den üblichen Management-Abläufen oder Systematiken befindet sich an dieser Stelle die Planung. Und zu der gehören die berühmten

W-Fragen. Rudyard Kipling umschreibt sie eindrucksvoll in einem Gedicht:

I keep six honest serving-men
(They taught me all I knew);
Their names are *What* and *Why* and *When*
And *How* and *Where* and *Who*.

Was, warum, wann, wie, wo, wer? Diese Planungsfragen werden in der Systematischen Vorgehensweise von Coverdale zum Teil anders eingesetzt. Die Frage „Warum" wird zum einen bereits in der Stufe „Klärung des Auftrags" berücksichtigt, und außerdem wird sie zur Frage „Wozu" abgewandelt, um in der Stufe „Ziele vereinbaren" zum Hinterfragen von Sinn und Zweck verwendet zu werden.

Wir empfehlen außerdem, die Planungsphase in zwei Schritten durchzuführen. Der erste Schritt besteht aus der Frage „Was muß getan werden?" Der zweite ist das „Plan aufstellen" mit den daraus resultierenden Verantwortlichkeiten.

Wird die Planungsphase nicht sauber in zwei getrennte Schritte unterteilt, sehen wir darin das Risiko, daß eine oft unbewußte Vermischung von „Was" und „Wer" erfolgt. Das sofortige Koppeln von Planungsschritten mit ausführenden Personen ist nicht sinnvoll, weil die Aufmerksamkeit auf die zu leistenden Schritte dadurch beeinträchtigt und reduziert wird. Wichtig für die Qualität des weiteren Vorgehens ist erst einmal die genaue Erfassung dessen, was als nächstes getan werden muß. Ohne Personaldiskussion! Hier geht es zunächst einmal nur um das reine Sammeln und Auflisten von Schritten, unsortiert und ohne Prioritäten.

Zunächst wird gesammelt, was als nächstes getan werden muß – ohne Personaldiskussion.

Für die Stufe „Was soll getan werden?" ist das „Was" von besonderer Bedeutung, unabhängig von der Frage „Wer". Die Erfahrung mit Arbeitsgruppen in der Wirtschaft zeigt, daß das Auflisten von Schritten, die als nächstes in Angriff genommen werden müssen, häufig darunter leidet, daß bei allen erfaßten Tätigkeiten „im Hinterkopf" bereits eine Person auftaucht, die für diese Tätigkeit in Frage kommt, weil sie „doch gerade dafür so geeignet ist" oder weil der Betreffende zufällig „in der Nähe ist" oder was auch immer.

Das reine Auflisten von nächsten Schritten und damit die ausschließliche Beantwortung der Frage „Was" ist die Grundlage für die nächste Stufe in der Systematischen Vorgehensweise, die „Planung". Es ist durchaus möglich, daß sich in der Planungsphase später noch weitere, zusätzliche Schritte für die „Was muß als nächstes getan werden-Liste" ergeben. Sie können dann ergänzt werden.

4.6 Plan aufstellen

Moderator und Moderierte müssen aufpassen, daß sie nicht schon in der Stufe „Was muß getan werden?" durch den Reiz zum Aktionismus dazu verführt werden, unmerklich in die Stufe „Durchführung" hineinzurutschen. Dieser Aktionsdruck wird in der Stufe „Plan aufstellen" noch weit größer und bringt die Versuchung mit sich, beim Aufstellen des konkreten Plans in der Beantwortung der Fragen „Wer macht was, wann, wie, wo?" die nötige Sorgfalt und auch das nötige Festschreiben und Visualisieren außer acht zu lassen. Dieser Gefahr muß der Moderator konsequent entgegensteuern.

Zu Beginn der Planungsüberlegungen empfiehlt es sich, noch einmal einen Blick auf die zu Beginn aufgezeichnete Grob-Zeitplanung zu werfen und gemeinsam mit den Teilnehmern, vorzugsweise mit dem dafür bestimmten „Zeitbeauftragten", zu versuchen, diese Zeitplanung fortzuschreiben und vor allem zu verfeinern. Eine weitere Verfeinerung wird dann in aller Regel innerhalb der Planungsüberlegungen stattfinden, so daß am Ende der Planungsphase ein endgültiger, detaillierter Zeitplan für die Durchführungsphase zur Verfügung steht.

Die Notwendigkeit, den Zeitplan bereits vor dem endgültigen Planen noch einmal anzuschauen, ergibt sich insofern, als es zu diesem Zeitpunkt notwendig werden könnte zu überlegen, ob in der späteren Durchführung wegen Zeitmangels arbeitsteilig, also in Untergruppen, gearbeitet werden muß. Bestätigt sich diese Notwendigkeit, dann wird das den Planungsverlauf nachhaltig beeinflussen, weil

– einerseits das arbeitsteilige Bearbeiten in Untergruppen oder durch Delegierte eine enorme Intensivierung und Zeitersparnis bedeuten kann und

– andererseits der Moderator zeitlich einplanen muß, daß die Reintegration der Unteraufträge, um ein gemeinsames Informationsniveau aller Beteiligten herzustellen, unbedingt notwendig ist und zeitlichen Sonderaufwand bedeutet.

Der Moderator muß sich in der Planungsphase darüber klarwerden, ob und wie weit er selbst als Arbeitskraft in die spätere Durchführung einbezogen werden möchte. Diese Entscheidung liegt weitgehend bei ihm – auch wenn die Gruppe sein inhaltliches Mitwirken verlangen sollte. Der Moderator selbst kann am besten beurteilen, wieviel Abstand zum eigentlichen Handeln für ihn sinnvoll ist, damit er den notwendigen Überblick behält. Andererseits kann ein begrenztes Mitwirken des Moderators auch durchaus einmal hilfreich sein und der Gruppe einen Motivationsschub geben.

Die in der vorgelagerten Stufe erstellte Liste der Schritte, die getan werden müssen, dient als Basis für das Erstellen des Plans. Aus dieser ungeordneten Liste entsteht jetzt ein Arbeitsplan, in dem für jeden Beteiligten seine Aufgaben exakt definiert werden. Der Arbeitsplan macht die Abfolge der Schritte und ihre Abhängigkeiten sichtbar. Er muß mit allen verbindlich abgesprochen und als gemeinsame Vorlage akzeptiert sein.

Beim Planen entsteht häufig ein Hang zum Aktionismus. Vorsicht!

Bei zeitlich umfangreichen Durchführungsphasen, beispielsweise in Projekten, werden zur besseren Übersicht und Kontrolle Meilensteine gesetzt. Moderne EDV-unterstützte Planungsinstrumente können bei der Konkretisierung helfen. Bei längeren Durchführungsphasen sollte der Arbeitsplan darüber hinaus Verabredungen über den Informationsfluß zwischen den Beteiligten enthalten.

Planung bedeutet Handlungsanweisung. Sie sollte deshalb so ausführlich und so klar sein, daß alle Beteiligten aus ihrer schriftlichen Festlegung eindeutig erkennen können, was von ihnen erwartet wird. Der Moderator hat hier die manchmal unangenehme und unbequeme Funktion eines Mahners, damit diese Phase sauber zu Ende entwickelt wird, bevor der „Sog" zum Tun zu stark wird und bereits in die Durchführung überleitet.

Für viele Menschen ist das Tun einfacher als das Planen; sie sehen auch oft die Notwendigkeit zur „kleinlichen" Festschreibung nicht ein. Aber die Erfahrung zeigt, daß der Moderator an dieser Stelle viel späteren Ärger vermeiden hilft, wenn er „hart" bleibt und auf Einzelheiten und deren Klärung besteht. Die unten aufgeführte Geschichte demonstriert deutlich, was passieren kann. Ungenauigkeiten in der Planung,

mangelhafte Absprachen und fehlende Zuständigkeiten können zu Zeitverzögerungen in der Durchführung und sogar zu gravierenden Konflikten innerhalb des Teams führen.

**Geschichte über vier Leute namens
Jeder, Einer, Irgendeiner und Niemand:**

Eine wichtige Sache war zu erledigen,
und **Jeder** war sicher,
daß **Einer** es tun würde.
Irgendeiner hätte es tun können,
aber **Niemand** übernahm es.
Einer wurde ärgerlich,
weil es die Sache von **Jedem** war.
Jeder dachte,
Irgendeiner könnte es erledigen,
aber **Niemand** merkte,
daß **Jeder** es nicht nicht tun würde.
Es endete damit,
daß **Jeder Einem** die Schuld gab,
als **Niemand** tat,
was **Irgendeiner** hätte tun können.

4.7 Durchführen

Die Stufe „Durchführen" dient der Umsetzung dessen, was geplant
wurde. In der Regel wird der Moderator hier nur koordinierend beglei-
ten, was einzelne oder einzelne Gruppen zu tun haben, – so wie es festgelegt wurde und wie es – hoffentlich – jeder im Detail verstanden hat.

Wie schon erwähnt wurde, muß der Moderator sich auf jeden Fall
mehr Distanz zum Geschehen sichern, als dies von den inhaltlich Beteiligten erwartet werden kann. Aufgrund ihrer Einbindung in den Prozeß
der Aktionen haben die einzelnen meist keinen Überblick mehr über das

Gesamtgeschehen. Damit der Moderator diesen Überblick, diesen Blick von oben – im Englischen: *helicopter-view* – behält, braucht er diese Distanz. Dadurch kann er

Der Moderator braucht Distanz, um den Überblick zu wahren.

– alle Beteiligten, auch die, die möglicherweise an geographisch anderem Ort tätig sind, gleichmäßig sehen, erleben und beobachten und

– im Falle eines Abweichens vom Geplanten oder in unerwarteten (Krisen-)Situationen genügend Überblick sicherstellen, um den Beteiligten/Betroffenen die notwendigen Hilfen anzubieten.

Eine begleitende Maßnahme, die der Moderator zweckmäßigerweise in der Stufe des Durchführens übernehmen könnte, ist die Überwachung des Zeitplans mit den entsprechenden Zwischeninformationen an die in der Durchführung Tätigen.

Ist alles gut vorbereitet, insbesondere die Stufe „Plan aufstellen" ausgearbeitet und von allen verstanden worden, dann wird für den Moderator in der Stufe „Durchführung" wenig Arbeit verbleiben. Auf jeden Fall muß er jedoch Zwischenergebnisse und Ergebnisse festhalten, und zwar auf eine Art und Weise, daß sie den oft hektisch Beteiligten klar und deutlich werden.

Auch das ist eine Methode des Strukturierens bzw. Ordnens, die die Durchführenden häufig dringend benötigen, damit ihnen Schritt für Schritt der Fortschritt im Arbeitsprozeß bewußt ist und dadurch die Motivation erhalten bleibt.

4.8 Rückblenden

Ist die Stufe des Durchführens abgeschlossen und liegt das Endergebnis vor, so beginnen die zwei Elemente der Rückblende:

1. Rückblende auf das Arbeitsergebnis,
2. Rückblende auf den Arbeitsprozeß.

Häufig wird die moderierte Gruppe so von der Befriedigung über das Erreichte erfüllt sein, daß sie erst einmal das Rückblenden vergißt und vom Moderator dazu angehalten werden muß. Der Moderator muß hier hartnäckig darauf bestehen, daß die beiden jetzt fälligen Rückblendenelemente mit aktiver Beteiligung aller durchlaufen werden. Wozu? Um das Arbeitsergebnis zu überprüfen und um aus den gemachten Erfahrungen bewußt für zukünftige Vorhaben zu lernen.

Das erste Element ist eine Rückblende auf das erreichte Endergebnis. Dabei handelt es sich um einen Soll/Ist-Vergleich, wobei das Soll der vorher in der Stufe „Ziele vereinbaren" ermittelten und festgeschriebenen oder aber vom Auftraggeber vorgegebenen Erfolgskriterien mit dem tatsächlich erreichten Endergebnis verglichen wird. Erst wenn die Erfolgskriterien mit dem Endergebnis abgeglichen und als erfüllt befunden sind, steht fest, daß das Erreichte dem anfänglichen Ziel und der daraus abgeleiteten Planung voll entspricht.

Sollte dies nicht der Fall sein, muß überlegt werden, welche Konsequenzen sich daraus ergeben und was als nächstes zu tun ist. Möglicherweise bedeutet dies einen Wiedereinstieg in die Stufen der Systematischen Vorgehensweise.

– Ist das Endergebnis unzulänglich, so müssen möglicherweise einige Phasen der geleisteten Arbeit wiederholt werden, und Aufgabe des Moderators ist es, der Gruppe zu helfen, an der situativ richtigen Stufe neu anzuknüpfen, um letztendlich zu einem verbesserten Ergebnis zu gelangen.

– Empfehlenswert für den Moderator ist es in diesem Fall, vor dem Wiedereinstieg in die Systematische Vorgehensweise die Ergebnisse des zweiten Rückblendeschrittes abzuwarten, weil diese für die Wiederholungsarbeiten eine wichtige Rolle spielen.

– Ist jedoch durch die Arbeitsweise und an dem Ergebnis über jeden Zweifel hinaus deutlich geworden, daß die Ziele zu hoch gesteckt gewesen sind, und die Erfolgskriterien unerfüllbar waren, dann muß bis zur Stufe „Ziele vereinbaren", vielleicht sogar bis zur Stufe „Auftragsklärung" zurückgekoppelt werden, um die Voraussetzungen für ein befriedigendes Endergebnis zu schaffen.

Das zweite Element der Rückblende beschäftigt sich nicht mit dem Endergebnis, sondern mit dem Prozeß, der zu diesem Ergebnis geführt hat. Losgelöst von dem inhaltlichen Geschehen sollte der Moderator danach fragen, wie die Beteiligten den Prozeß – und damit sich selbst und andere in Interaktion – erleben und was sie dabei beobachtet haben.

Auch die Arbeitsweise des Moderators sollte dabei zur Diskussion gestellt werden. Das Feedback der Moderierten kann der Moderator dann ganz konkret nutzen, um seine Moderationsfähigkeit zu verbessern.

Einzelheiten zu der Methode der Rückblende werden wir in *Kapitel 5.5* besprechen. Wichtig ist an diesem Punkt, daß die Beteiligten den Prozeß noch einmal kritisch reflektieren, um Ansätze für das Beurteilen von Erfolgen und Mißerfolgen für ihr eigenes Tun in der Zukunft zu gewinnen. Gerade der zweite Schritt der Rückblende ist deshalb besonders wichtig und wird leider im Arbeitsalltag häufig vernachlässigt.

Durch Rückblenden lernen wir bewußt aus den gemachten Erfahrungen und erschließen Ressourcen für die Zukunft.

Beide Schritte des Rückblendens sind ein bedeutendes methodisches Mittel für alle Beteiligten, um aus der Vergangenheit für die Zukunft zu lernen, um neue Ressourcen zu erschließen und letztendlich, um an diesem Prozeß zu wachsen. Die Rückblende ist ein wichtiges Moderationsinstrument, um neben der Kontrolle des fachlichen Ergebnisses auch die Qualität der Zusammenarbeit zu analysieren und daraus Vorhaben für künftige Zusammenarbeitssituationen abzuleiten.

4.9 Systematisch abschließen

Mit dem Rückblenden in zwei Schritten ist der Regelkreis des Systematischen Vorgehens geschlossen, d. h. alle Stufen der Vorgehensweise wurden einmal oder mehrmals durchlaufen. Es fehlt nur noch die Ergebnissicherung. Der Moderator ist im gesamten Ablauf, keinesfalls nur am Ende, verpflichtet, die Gruppe darauf festzulegen, daß alle Ergebnisse gesichert werden. Ergebnisse ergeben sich nach Ablauf jeder einzelnen Stufe der Systematischen Vorgehensweise. Dabei verstehen wir unter Ergebnis das, was in der jeweiligen Stufe im Konsens verabschiedet wurde.

Das Ergebnissichern beginnt also bereits bei der Auftragsklärung. Steht nicht für alle eindeutig fest, was beim Klären des Auftrags an Erkenntnissen, Definitionen, Erklärungen und Verdeutlichungen herausgekommen ist, dann muß der Moderator verhindern, daß die Gruppe zur nächsten Stufe, nämlich „Ziele vereinbaren", weitergeht. Wozu? Um auf der gesicherten Basis des von allen verstandenen Ergebnisses der bewältigten Stufe einen gültigen Konsens zu erreichen. Dieser Konsens ist als

Ergebnis wichtig, um im weiteren Verlauf des Arbeitsprozesses bei Unklarheiten darauf zurückkommen zu können.

Jeder Moderator weiß aus Erfahrung, daß diese Ergebnissicherung, dieses Festmachen eines gemeinsamen Verständnisses, außerordentlich wichtig, aber gleichermaßen schwierig ist, weil auch ein aufmerksamer, einfühlsamer Moderator nicht immer erkennen kann, was in den Köpfen der Moderierten vorgeht, wo sich Mißverständnisse und unterschiedliche Deutungen festgesetzt oder ganz einfach nur Unaufmerksamkeiten stattgefunden haben.

Zur Ergebnissicherung gehört erst einmal, dieses Problem unterschiedlicher Verständnisse innerhalb einer Gruppe zu überwinden. Durch das Anregen von Klärungsgesprächen wird das Risiko von Divergenzen gemindert und schließlich werden durch visualisiertes Festschreiben allen die Ergebnisse vor Augen geführt. Das für alle sichtbare Festhalten des Ergebnisses auf einem Flipchart oder einer Pinnwand, bietet sich an, um letzte Zweifel oder Proteste herauszufordern und um bei späteren Zweifeln das Ergebnis eindeutig vor Augen zu haben.

Ergebnissicherung bedeutet aber nicht nur das Sichern der Ergebnisse aus den einzelnen Stufen der Systematischen Vorgehensweise, sondern es geht auch darum, das am Ende des Prozesses erreichte Endergebnis zu sichern.

Der Moderator trägt die Verantwortung, daß alle Ergebnisse, auch die Prozeßergebnisse, gesichert werden.

Hier ist der Moderator möglicherweise doppelt gefordert:

– Er hat Verantwortung für den Prozeßteil des Geschehens und könnte es deshalb übernehmen, das Protokoll oder die Flipchart-Mitschrift des Vorgehens zusammenzustellen und zu verteilen.

– Er hat auch Verantwortung dafür, daß das inhaltliche Ergebnis ordnungsgemäß dahin gelangt, wo es laut Auftragserteilung hingehört oder erwartet wird.

Darüber hinaus kann Ergebnissicherung auch bedeuten, daß Erkenntnisse und Erfahrungen aus dem Geschehenen für die Zukunft nutzbar gemacht werden. Sie können als Basis für zukünftiges Vorgehen oder für weitere Zusammenarbeit, sei es bei derselben Gruppenzusammensetzung oder in einer neuen Gruppe, dienen. Auch für das Sichern dieses Ergebnisses, das sich aus dem zweiten Schritt der Rückblende – der Prozeßanalyse – ergibt, trägt der Moderator die Verantwortung.

Der Werkzeugkoffer des Moderators 5

5.1 Prozeßstärken und Techniken

Was gehört in den Werkzeugkoffer eines Moderators? Was sollte er an besonderen Stärken mitbringen? Welches Anforderungsprofil muß an einen Moderator gestellt werden? Welche speziellen Techniken braucht er? Gibt es eine Liste von Qualitäten, die den erfolgreichen Moderator garantieren?

Die Antworten auf diese Fragen sind vielschichtig. Sie sollen hier unter zwei unterschiedlichen Aspekten angedacht werden: Welche Voraussetzungen sollte ein Moderator mitbringen, und was gilt es zu lernen, zu erfahren, zu trainieren?

Beginnen wir mit dem ungleich schwierigeren Thema der Voraussetzungen. Die einschlägige psychologische Literatur hat sich in vielen Studien mit der Frage auseinandergesetzt, ob man „zum Führen geboren" sein muß. Und was es ist, das einem in die Wiege gelegt werden muß, damit man erfolgreicher leitet als andere Menschen. Der bekannte Hamburger Ordinarius Peter R. Hofstätter gibt die Antwort: „Die Suche beginnt, aber sie kommt zu keinem Ende" *(Hofstätter, Seite 141).*

Wir sind der Meinung, daß es uns – insbesondere im Hinblick auf den Moderator und das Moderieren – als unsinnig erscheint, die Qualität des Führens als ein Charaktermerkmal, als angeborene Begabung zu betrachten, die manchen Persönlichkeiten zu eigen sei, anderen aber nahezu oder völlig abgeht. Wir möchten uns vielmehr der mehrfach geäußerten Meinung anschließen, daß die Kunst des erfolgreichen Leitens dem Wesen nach etwas „Zwanglos-Spontanes" ist, „stets davon abhängig, was in einer besonderen Lage und besonderen Stunde einer Gruppe vonnöten ist" *(Brown, Seite 132 ff.)*

Dabei ist aus unserer Erfahrung eine Grundvoraussetzung für erfolgreiche Moderation die innere Haltung des Moderators gegenüber den Moderierten und sich selbst. Gegenüber den Moderierten wird vom

Moderator ein hohes Maß an Akzeptanz erwartet. Er beobachtet und analysiert die Stärken und Schwächen der Teilnehmer in seiner Gruppe im Hinblick auf deren Wirkungen für den Prozeß. Auch die innere Haltung des Moderators sich selbst gegenüber ist ausschlaggebend für die Qualität der Moderation. Er sollte in einem hohen Maß bereit sein, dazuzulernen und offen zu sein für neue Erfahrungen. Diese Eigenschaften bestimmen das Moderationsverhalten entscheidend mit. Jeder Moderator kann sich zahlreiche Techniken der Moderation aneignen, doch das ganze Handwerkszeug ist wenig sinnvoll, wenn die Haltung des Moderators nicht dazu paßt.

> *Gegenüber den Moderierten wird vom Moderator ein hohes Maß an Akzeptanz erwartet.*

In der Zusammenstellung persönlicher Prozeßstärken, die wir im *Kapitel 2.3* zum Thema *Synergie* vorgestellt haben, finden sich einige, die nicht so leicht erworben werden können und daher eher den Voraussetzungen zugerechnet werden sollten. Dazu gehören Stärken, wie beispielsweise eine Vision haben, richtige Zeitpunkte erkennen, zuverlässig und integer sein, Geduld – besonders beim Zuhören – haben und Mut zum Standhalten oder sogar Konfrontieren. Darüber hinaus ist Humor eine nicht zu unterschätzende Prozeßstärke für den Moderator. Humor beeinflußt die Atmosphäre der gemeinsamen Interaktionen positiv und erleichtert dadurch die Kommunikation.

Mit dem Humor, dem situativen Witz hat es jedoch eine eigene Bewandtnis. Der Moderator kann seinen Humor einsetzen, um schwierige, festgefahrene Situationen zu entschärfen. „Das befreiende Lachen der Zuhörer ist ihr Aggressionsventil, da sie im Verstehen und Miterleben der überraschenden ... Pointe des Witzes ihre eigenen aggressiven Spannungen ungestraft entladen können" *(Hacker, S. 157)*. Das kann in mancher Problem-Moderation außerordentlich hilfreich sein, besser als jede andere Methode, um Spannungen zu lösen.

Aber: Der Moderator muß sich hüten, jemanden aus den Reihen der Moderierten zum Ziel seines Witzes zu machen. Spielt sich der Humor auf Kosten eines Anwesenden, eines Betroffenen ab, so wird dieser höchst negativ reagieren – und auch die Lacher werden unterschwellig ein schlechtes Gefühl haben, das sie letztendlich dem Moderator anlasten werden. „Oft schafft nichts so verläßliche Feindschaften, wie ein treffender Witz" *(Hacker, S. 157)*.

Eine Begabung, die auch sehr im Bereich der Voraussetzungen anzusiedeln sein dürfte, ist die Intuition. Ein erfolgreicher Moderator braucht Intuition. Einige der oben aufgeführten Stärken haben eindeutig etwas mit dem zu tun, was nicht über Rationalität, Verstand, Logik begründbar ist, sondern in den Bereich der Gefühle gehört.

Wir sprechen in der Gruppendynamik häufig vom Gegensatz zwischen Kopf und Bauch und meinen damit genau das, was in einem sehr erfolgreichen Buch mit Intelligenzquotient und Emotionalquotient beschrieben wird *(Coleman)*. Zahlreiche Studien über Managemententscheidungen haben nachgewiesen, daß erfolgreiche Manager häufig nach „Gespür" entscheiden. Albert Einstein und Isaac Newton sprachen beide von „gefühlten Ahnungen" – und meinten damit zweifellos die hier angesprochene Intuition. Der US-amerikanische Psychologe Daniel Cappon nennt sie Gefühlsintelligenz (IQ2) und hat für die Ermittlung dieser Gefühlsintelligenz sogar einen Test mit zwölf Testfragen erarbeitet. Er sieht in der Intuition den „Schlüssel für individuellen und kollektiven Erfolg" und behauptet, „erst die Hochzeit zwischen dem Yin der Gefühle und dem Yang des Verstandes wird es der Menschheit ermöglichen, die anstehenden Probleme zu lösen" *(Cappon)*.

Bleibt die Frage offen, wieweit Intuition für den Moderator eine mitgebrachte Voraussetzung ist und wieweit Intuition gerade in der Moderation über Erfahrung entwickelt und ausgebaut werden kann.

Lernen, erfahren, trainieren – unter diesen Gesichtspunkten können wir uns viel eindeutiger und umfassender mit wünschenswerten Stärken und Techniken des Moderators befassen. Mehr oder weniger können alle in der *Übersicht 1 auf Seite 23* aufgeführten Prozeßstärken durch bewußtes Lernen, Erfahren, Trainieren erworben und weiterentwickelt werden. Der Aufwand dafür ist je nach Voraussetzungen, die der Moderator schon mitbringt, unterschiedlich hoch. In *Kapitel 7.1* werden dazu Empfehlungen gegeben, wie man moderieren lernen kann.

Drehen sich Diskussionen im Kreise, helfen Zusammenfassungen oder Zwischen-Rückblenden.

Eine wichtige Prozeßstärke und zugleich ein starkes Moderationsinstrument ist die Zusammenfassung. Je mehr, je präziser der Moderator Zusammenfassungen des Gesagten oder des Getanen in den Prozeß einbringt, desto stärker kann er das Geschehen und dessen Teilnehmer aus dieser Zusammenfassung heraus auf den „roten Faden" neu ausrichten. Dies ist dann ganz besonders wichtig, wenn die Diskussionen unscharf geworden sind, sich vielleicht sogar bereits mehrfach im Kreise drehen und Teilnehmer das Ziel aus dem Auge zu verlieren drohen.

Dabei bedeutet Zusammenfassen ein Unterbrechen des Prozesses. Der Moderator gibt den aktuellen Stand der Diskussion wieder und nennt die verschiedenen Gesichtspunkte, Argumente, Standpunkte. In schwierigen Situationen ist es hilfreich, diese Zusammenfassung zu visualisieren.

Die Wirkung einer Zusammenfassung an dieser Stelle, oder – wann immer die Situation dies notwendig macht – die Wirkung einer kurzen Zwischenrückblende wird in nachstehender Grafik verdeutlicht. In Arbeitssitzungen gibt es immer wieder Phasen, in denen das Ziel aus den Augen verloren wird, sich die Diskussion im Kreis bewegt und kein Vorankommen sichtbar ist. Um aus solch unbefriedigenden Situationen wieder in „geordnete Bahnen" zu kommen, helfen Zwischen-Zusammenfassungen oder Zwischen-Rückblenden *(siehe Abb. 7)*. Gerade in verfahrenen Situationen sind Zwischen-Rückblenden ein bewährtes Mittel, um nicht nur auf der inhaltlichen Schiene den Stand der Dinge zusammenzufassen, sondern auch auf der Prozeßebene zu überprüfen, wo die Gruppe sich befindet.

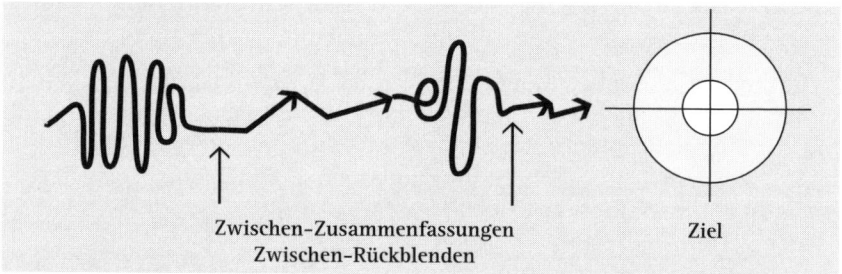

Zwischen-Zusammenfassungen
Zwischen-Rückblenden

Ziel

Abb. 7: **Die Wirkung von Zwischen-Zusammenfassungen und Zwischen-Rückblenden**

Ein wesentliches Instrument für den Moderator zum Lernen, Erfahren, Trainieren ist die bereits unter *Kapitel 4.8* erwähnte Prozeßrückblende. Sie gibt dem Moderator die einmalige, nicht wiederholbare Gelegenheit, den abgelaufenen Prozeß gemeinsam mit den anderen am Prozeß Beteiligten darauf zu überprüfen, welche Maßnahmen, Techniken, Verhaltensweisen oder Interventionen des Moderators den Prozeß gefördert und welche ihn eher behindert haben.

Der Moderator sollte hierbei nicht zurückhaltend sein, sondern ausdrücklich um Feedback bitten, das sich auf die Moderation bezieht. Für ihn gibt es keine bessere Quelle des Lernens und der Erfahrungen als diese aktuelle und spontane Rückblendensituation am Ende eines Prozesses. Seine Aufgabe ist es, in dieser Situation gemeinsam mit den anderen Beteiligten die Ursachen von erfolgreichem und weniger erfolgreichem Vorgehen genauestens zu analysieren. Und es ist auch an ihm, daraus die Konsequenzen zu ziehen, indem er der Analyse einen entsprechenden Prozeßplan für seine eigene Weiterentwicklung gegenüberstellt.

Coverdale verwendet den Begriff ‚Prozeßplanung' im Gegensatz zu Vorgehensplanung oder Produktplanung für das bewußte Planen von Prozeßveränderungen. Die konkrete Überlegung „Was kann ich tun, um bis zum Tag x mein Zuhören zu verbessern, und wie messe ich den Fortschritt?" wäre die Basis für einen solchen Prozeßplan.

Die Frage – so hat einmal jemand geschrieben – ist die Königin der Dialektik. Als Grundregel für den Moderator möchten wir daraus ableiten: Mehr fragen als sagen. Damit ist die Empfehlung gemeint, als Moderator Gespräche, Diskussionen, Interaktionen weitestgehend über Fragen zu steuern, anstatt anzuordnen, zu fordern, festzustellen. Die Fähigkeit an den passenden Stellen die richtigen Fragen zu stellen, gehört zum Rüstzeug des Moderators. Dabei muß sich der Moderator bewußt sein, daß es unterschiedliche Arten von Fragen gibt.

Fragen können aus sehr verschiedenen Gründen gestellt werden:
– Der Fragende weiß etwas nicht und vermutet, daß der Befragte ihm eine sinnvolle Antwort wird geben können *(eigentliche Frage)*.
– Der Fragende weiß etwas und will sich vergewissern, ob der Befragte es auch weiß *(prüfende Frage)*.
– Der Fragende weiß etwas und ist sicher, daß der Befragte es nicht weiß *(sokratische Frage)*.
– Der Fragende weiß keine Antwort und vermutet, daß auch der Befragte keine kennt *(fangende Frage) (Lay, Seite 267)*.

Je nach Situation muß der Moderator sich entscheiden, welche Art von Fragen er einbringen will, was er mit seinen Fragen bezweckt, was er in der gegebenen Kommunikationssituation erreichen will. Was er mit Fragen immer erreicht, ist Kommunikation und Interaktion. Beides sind wesentliche Voraussetzungen für das produktive Arbeiten mit Menschen.

Diese Überlegungen zum Fragen gelten in erster Linie für den Moderator – aber nicht nur. Auch für die Teilnehmer bedeutet das richtige Umgehen mit Fragen eine wünschenswerte Erweiterung ihrer Prozeßkompetenz. Es ist also hilfreich, wenn der Moderator aus seinem Werkzeugkoffer hin und wieder Instrumente abgibt.

An die Teilnehmer abgeben sollte er auf alle Fälle das Bewußtsein, daß alle Beiträge in der Gruppe – besonders wenn sie inhaltlicher Natur sind und von den Teilnehmern kommen – eine ganz bestimmte Wirkung haben

– auf den Prozeß und
– auf die Teilnehmer und ihr Ideengut.

Die Auswirkungen auf der Prozeßebene sind in der *Abb. 8* dargestellt. Zu den Auswirkungen auf andere Teilnehmer und ihre Ideen: *Siehe Kapitel 5.3 Kreativität fördern.*

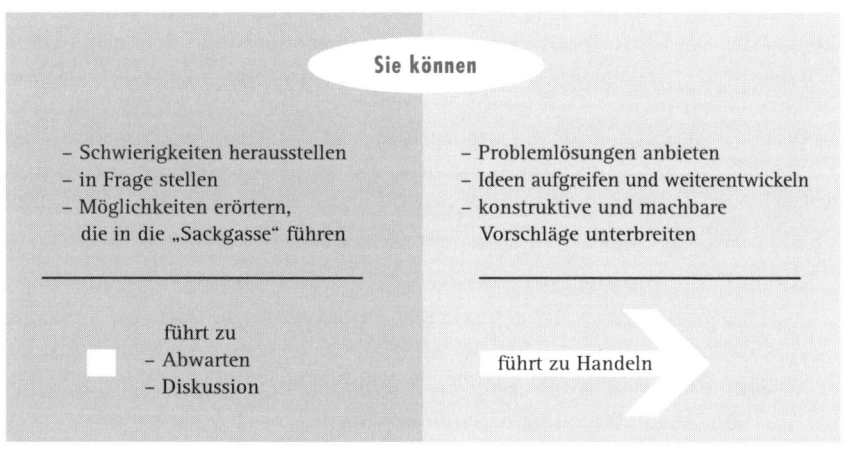

Abb. 8: **Auswirkungen von Beiträgen**

5.2 Konsens herstellen und sichern

Von Konsens haben wir schon gesprochen und dabei die Gefahr des „Nick-Konsens" erwähnt. Zustimmendes Nicken der Beteiligten reicht für einen verbindlichen Konsens in der Regel nicht aus. Ein Moderator hat im Verlaufe des gesamten Moderations-Prozesses fortwährend mit Konsensproblemen und Konsensnotwendigkeiten zu tun.

Konsens muß von Anfang an in allen Stufen der Systematischen Vorgehensweise hergestellt werden. Gelingt es ihm nicht, über Definitionen, Diskussions- und Entscheidungsergebnisse, ja über simple Meinungsbildungen mit allen Beteiligten Konsens herzustellen, so wird der Prozeß wieder und wieder aufgehalten werden. Häufig wird einzelnen ihr Dissens erst im weiteren Vorangehen bewußt. Dann verlangen sie in der Regel, gemeinsam mit allen anderen Beteiligten zum Ausgangspunkt ihres Dissenses zurückzukehren, um dort Klärung herbeizuführen, bevor sie bereit sind, aufs neue gemeinsam voranzuschreiten. Zeitverzögerungen und damit Ärger und Frust sind die Konsequenz.

Konsens muß von Anfang an in allen Stufen der Systematischen Vorgehensweise hergestellt werden.

Noch gravierender sind für alle Beteiligten die Folgen, wenn einzelne beim Feststellen ihres Dissenses nicht den Anspruch auf Zurückgehen anmelden, sondern die Tatsache ihres Dissenses schweigend erdulden und fortan „aussteigen", innerlich kündigen oder, wie man heute oft hört, emigrieren, d. h. bis auf weiteres in Passivität versinken.

Noch vor dem Einstieg ist Konsens über die Spielregeln sowie Konsens mit dem Auftraggeber und der Gruppe über die gegenseitigen Erwartungen und Rollen erforderlich. Ist der Auftrag geklärt, muß der Moderator Konsens darüber herstellen. Keine Gruppe sollte an einem Auftrag zu arbeiten beginnen, deren Inhaltsklärung nicht von allen gleich verstanden und im Konsens abgesichert wurde. Schwierig ist im allgemeinen die Konsensabsicherung bei den Zielen und Zielvereinbarungen, wenn Freiraum beim Bestimmen der Ziele besteht und die Ziele nicht explizit vorgegeben werden. Der Konsens über Ziele ist jedoch außerordentlich wertvoll.

„Wenn alle in der Gruppe die gleichen Ziele haben, ist es wahrscheinlicher, daß es zu einer kooperativen Bemühung kommt; wenn das Gruppenziel von manchen Mitgliedern nicht geteilt wird, können Gruppenmoral und Produktivität leiden. Infolgedessen besteht, wenn das Gruppenziel durch Gruppendiskussion und unter Teilnahme aller beschlossen wird, eine größere Wahrscheinlichkeit für die Beteiligung aller" *(Luft, Seite 39)*.

Wir wissen aus der Erfahrung in Arbeitsprozessen, daß die Intensität, mit der einzelne Gruppenmitglieder Ziele zu unterstützen bereit sind, außerordentlich unterschiedlich sein kann *(Siehe Abb. 9)*.

79

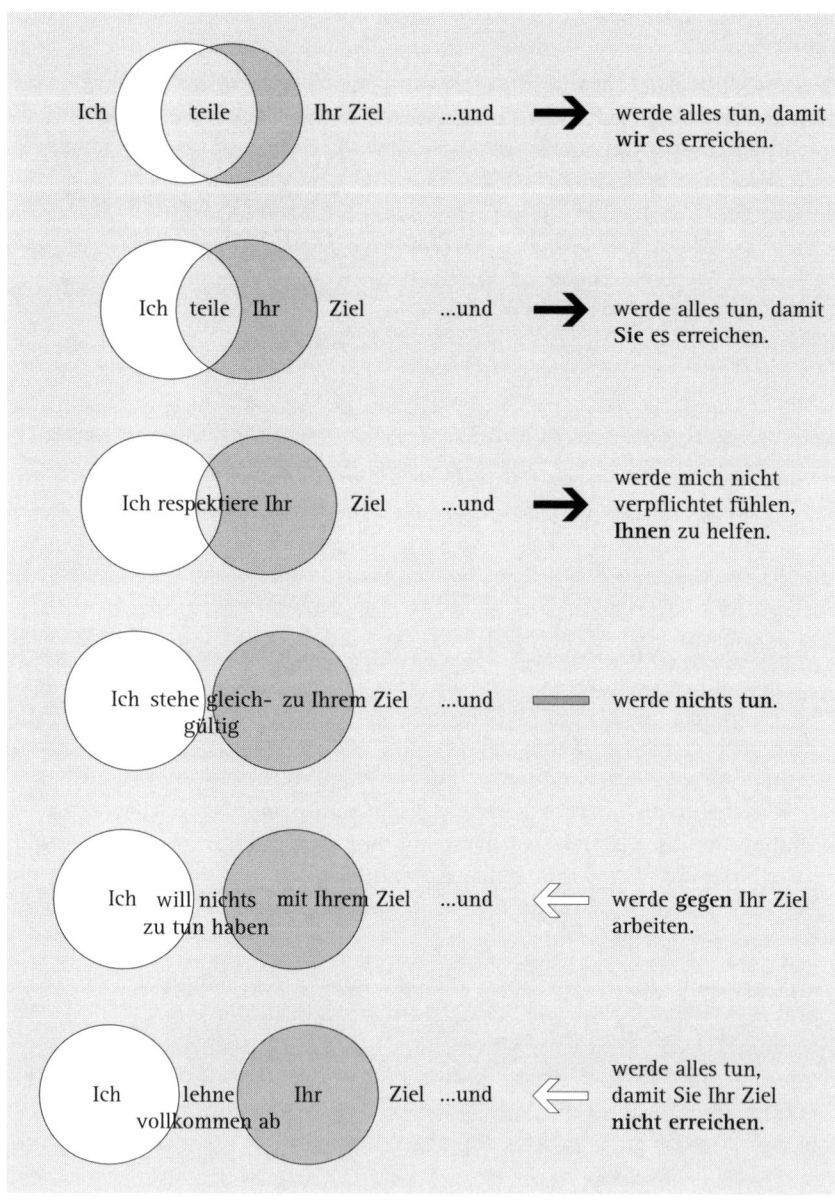

Abb. 9: **Von der Zielunterstützung bis zur Zielbekämpfung**

Die hier gezeigten Unterschiede von der Zielunterstützung bis hin zur Zielbekämpfung sind außerordentlich drastisch. Dennoch ist das Bild durchaus realistisch. Solche Situationen kommen in Arbeitsgruppen vor. Deshalb bedarf es der Kunst des Moderators, diese Unterschiede bei den einzelnen Beteiligten deutlich zu machen. An dem Erreichen des Konsens muß so lange gearbeitet werden, bis die Dissense verschwunden, oder zumindest transparent gemacht sind.

Bei allen an der Moderation Beteiligten hat es der Moderator mit sehr unterschiedlich motivierten, veranlagten, gestimmten Menschen zu tun *(Siehe Zitate in Abb. 10)*. Seine Aufgabe ist es, diese Unterschiedlichkeiten in den Prozeß vom „Start zum Ziel" einzubinden und den Prozeß aufrechtzuerhalten. Nicht alle Beteiligten bringen von Beginn an einen Beitrag, der in Flußrichtung zeigt; es kann durchaus „Widerhaken" geben, die in die entgegengesetzte Richtung weisen. Diese Widerhaken haben als Kontrollinstrument eine wichtige Funktion im Prozeßverlauf.

Wichtig für das Vorwärtsschreiten in Richtung Ziel/Endergebnis sind drei Maßnahmen:

1. Das Gerüst von Verabredetem, Vereinbartem, an dem der Moderator sich „entlanghangeln" kann.
2. Die Einteilung des gesamten Prozesses in überschaubare, nachvollziehbare Phasen, Stufen oder Schritte.
3. Das Absichern jedes einzelnen Schrittes durch Zusammenfassungen und Konsens am Schluß.

Gelingt dem Moderator die Konsensbildung am Ende eines Schrittes, beispielsweise am Anfang eines Auftrages, nicht, dann muß er damit rechnen, daß ihn und die gesamte Gruppe ein einzelner Dissensler viel später, möglicherweise erst kurz vor dem Auftragsende, dazu zwingt, abermals zu diesem Anfangsschritt zurückzukehren und den Inhalt dieses einen Schrittes – und damit unter Umständen auch aller späterer Schritte – zu wiederholen. Ein Erlebnis, das alle kennen, die Erfahrung mit Arbeitssitzungen im Alltag haben. Wieviel Zeit ist schon verloren worden mit derartigen Fehlern!?

Uns interessiert in diesem Zusammenhang nur das Thema Konsens. Die Frage nach dem Verabredeten, den Vereinbarungen, die gleichermaßen wichtig ist, wurde bereits in *Kapitel 3.3. Spielregeln vereinbaren* ausführlich behandelt.

Was kann ein Moderator ganz konkret tun, um Konsens herzustellen und abzusichern? Wie gelingt ihm das? In den meisten Fällen genügt es

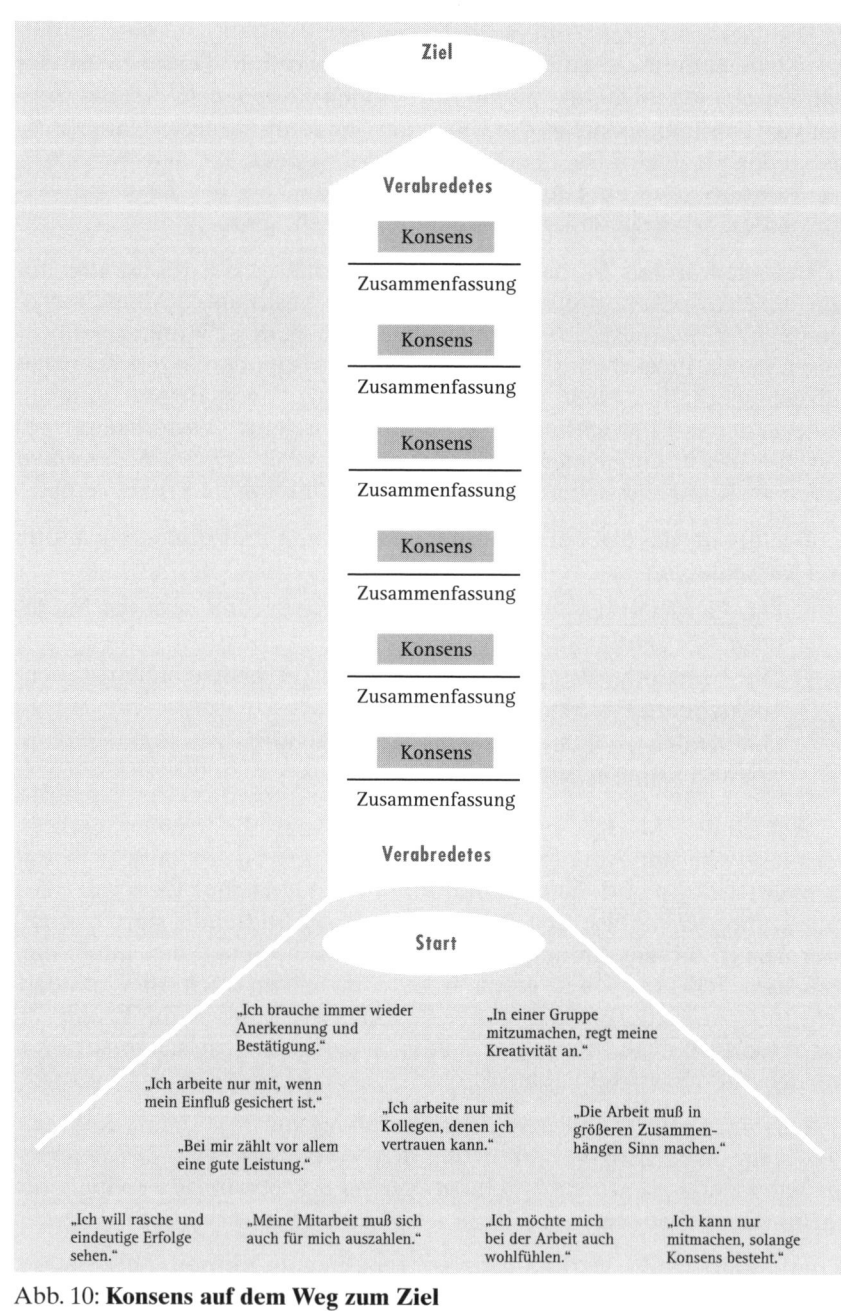

Abb. 10: **Konsens auf dem Weg zum Ziel**

nicht, nur zu fragen: „Sind Sie einverstanden? Sind alle dafür? Haben wir Einverständnis?" Denn der Moderator kann nicht wissen, welches Verständnis im Kopf eines einzelnen Moderierten besteht, wie das Verständnis aussieht, zu dem der Teilnehmer „ja" sagt.

Wesentlich hilfreicher ist es daher, den möglichen Konsens schriftlich vor aller Augen zu visualisieren und dann die Frage zu stellen. Aber selbst in diesem Falle ist der Moderator noch immer nicht sicher, ob alle unter der geschriebenen Formulierung das Gleiche verstehen. Er muß deshalb den Schritt aus der Passivität in die Aktivität tun, d. h. er muß die Teilnehmer in einen aktiven Prozeß hineinführen, indem er beispielsweise ein Gruppenmitglied auffordert: „Würden Sie bitte noch einmal mit Ihren eigenen Worten zusammenfassen, was wir soeben gesagt, definiert, gefragt, problematisiert, beschlossen haben?" Anhand der dann folgenden Zusammenfassung muß der Moderator versuchen, Dissense aufzudecken, weitere Klärungen anzuschließen, zusätzliche Mißverständnisse und andere Interpretationen aus der Gruppe „herauszuholen". Das kostet immer Zeit. Viel Zeit sogar. Aber diese Zeit ist gut investiert, weil sie unendlich größeren Zeitverlust durch späteres Zurückgehen, Aufklären, Emigrieren vermeidet und einspart.

Um Konsens herzustellen, empfiehlt es sich, folgende Schritte anzudenken und zu probieren:

– Meinungen einholen und visualisieren,
– klären, nachfragen, zusammenfassen lassen,
– Gemeinsamkeiten von Aussagen und Meinungen herausstreichen,
– Meinungsbild herstellen,
– Unterschiede von Meinungen, Darstellungen, Auffassungen benennen und verdeutlichen,
– Aussagen auf mögliche Kombination, auf Vereinigung, gegenseitigen Aufbau überprüfen,
– Kriterien für ein Auswählen benennen und/oder werten, gewichten; Prioritäten setzen,
– Zieldienlichkeit überprüfen,
– erneut Meinungsbild mit allen Beteiligten herstellen,
– „Abweichler" identifizieren und anhören, zur Begründung auffordern, ernst nehmen,
– Akzeptanz abfragen, erkunden, erfühlen,

- möglichen Konsens formulieren, im EIN-Text-Verfahren *(siehe Seite 46)*, ergänzen/verändern,
- Konsens und auch Dissens, falls noch vorhanden, schriftlich, visualisiert festhalten lassen,
- Zwischenrückblenden einlegen.

5.3 Kreativität fördern

Kreativität bedeutet, neue Wege zu beschreiten und unkonventionelle Lösungen zu suchen. Sie ist die Voraussetzung für ein erfolgreiches Bearbeiten neuartiger Aufträge, wie sie beispielsweise in Projektorganisationen vorkommen. Aber auch bei bekannten Arbeitsabläufen ist Kreativität gefragt, um eingefahrene Wege verlassen zu können, um effektiver und effizienter zu arbeiten, um Innovation zu erreichen. Der Innovationsvorsprung ist ein entscheidender Wettbewerbsvorteil und in vielen deutschen Unternehmen verbesserungswürdig. „In den gesättigten Märkten ist eines klar: Produkte bzw. Dienstleistungen können auf Dauer nur erfolgreich sein, wenn sie sich gegen die riesige Angebotsfülle der Konkurrenz deutlich differenzieren ... Um aus dieser Angebots-überflutung herauszufinden, ist Kreativität, einer der wirksamsten Impulsgeber der Zukunft, gefordert" *(Hetzenberger, Seite 140)*.

Um Kreativität zu fördern, gibt es viele verschiedene Kreativitätstechniken. Doch bevor wir zu den Techniken kommen, wollen wir Rahmenbedingungen vorstellen, die für einen Kreativitätsprozeß immer in Betracht gezogen werden. Zu den kreativitätsfördernden Verhaltensweisen und Eigenschaften gehören:

- Offenheit und Toleranz,
- Risiko- und Leistungsbereitschaft,
- Kritik- und Konfliktfähigkeit,
- Problemsensibilität,
- Fähigkeit zum vernetzten Denken,
- Flexibilität und Originalität,
- Sensibilität für die eigenen Denkprozesse und
- Mut zu unkonventionellen Lösungen.

Demgegenüber gibt es Rahmenbedingungen, die Kreativität verhindern und nur sehr begrenzt zulassen. Zu den kreativitätsblockierenden Verhaltensweisen und Eigenschaften zählen:

- Hinweise auf gemachte Erfahrungen („Das haben wir schon immer so gemacht."),
- autoritäres Führungsverhalten,
- rationales, verbales Denken,
- Überhäufung mit Routine- und Detailarbeiten,
- sofortige Bewertung von Ideen,
- Allwissenheitsanspruch von Experten und
- Betonung des Sicherheitsaspektes in der Arbeit.

Diese Rahmenbedingungen, kreativitätsfördernd oder nicht, gehören zur Unternehmenskultur, haben auch in jeder einzelnen Abteilung, in jeder Gruppe, in jedem Projektteam einen angestammten Platz und Gültigkeit.

Unter Beachtung der genannten Rahmenbedingungen kann der Moderator Kreativität fördern, aber nie erzwingen. Kreativität fördern bedeutet, das Produzieren von Ideen zu unterstützen. Nicht die erste Idee ist unbedingt die beste, und auch für einen guten Vorschlag gibt es noch eine Steigerung, vielleicht durch die Kombination mit einem oder mehreren anderen Vorschlägen. Die Abb. auf Seite 87 soll das verdeutlichen. Betrachtet man eine Idee wie einen Apfel, so ist es für viele nicht schwer, den Wurm darin zu sehen oder die faule Stelle oder die braunen Flecken an der einen Seite. Grund genug, den Apfel, die Idee wegzuwerfen, oder? Soll an innovativen Lösungen gearbeitet werden, so lohnt es sich, genauer hinzuschauen und die unverdorbene Seite des Apfels, die positiven Aspekte der neuen Idee, zu finden. Denn daraus kann ein guter Apfelkuchen entstehen.

Killerphrasen, wie „Ja, aber ..." oder „Dafür haben wir kein Geld, keine Zeit", „Viel zu aufwendig", „Das funktioniert ja doch nicht", sind nicht erlaubt und ein ganz besonderes Tabu beim Sammeln von Ideen. Killerphrasen müssen vom Moderator sofort abgeblockt werden. Dabei ist es hilfreich, wenn allen Teilnehmern deutlich ist, daß es beim Produzieren und Sammeln von Ideen erstmal nur darum geht, diesen Prozeß zu unterstützen und daß damit noch nicht eine endgültige Anerkennung des jeweiligen Vorschlages verbunden ist.

Ein häufig eingesetztes Instrument, um Ideen zu finden, ist Brainstorming. Wie das Wort „storming" ausdrückt, handelt es sich um einen Sturm, um etwas, das über die normalen Dimensionen von Kommunikation fast gewaltsam hinausgeht, das Ergebnisse mit sich bringt, die wie in einem Sturm wild gemischt, unsortiert, bunt durcheinander purzeln und Willkommenes wie auch Unwillkommenes produzieren. Brainstorming ist bewußt chaotisch, um ein Maximum an Kreativität hervorzubringen. Für die Beteiligten gibt es keine Beschränkung und – besonders wichtig – keine Bewertung! Jede Idee, auch die scheinbar unsinnigste, ist zugelassen und wird kommuniziert. Blödeln ist erlaubt, ja sogar erwünscht. Vernunft und Logik spielen keine Rolle.

Für den Ablauf dieses Prozesses und für das Einhalten der Regeln trägt der Moderator die Verantwortung.

Es gibt verschiedene Formen, in denen ein Brainstorming ablaufen kann. Die beiden bekanntesten sind das Brainstorming über Metaplankarten und das Brainstorming auf Zuruf. Wichtige Voraussetzung für jede Form von Brainstorming ist, daß deutlich vorgegeben wird, zu was, zu welchem Thema, zu welcher Frage, zu welcher Problemstellung genau das Brainstorming erfolgen soll. Der Moderator muß diese Zielrichtung deutlich vorgeben – oder dafür sorgen, daß die Gruppe sie sich vorgibt.

Das Brainstorming mit Metaplankarten ist die einfachste und schnellste Möglichkeit für einen „Gedankensturm". Die Teilnehmer werden gebeten, so viele Ideen aufzuschreiben, wie ihnen einfallen. Für jede Idee wird eine separate Karte benutzt. Am schnellsten geht es, wenn die Teilnehmer ihre Karten selbst an die Pinnwand heften. Ungestörter läuft der Ideenprozeß jedoch, wenn ein anderer – beispielsweise der Moderator – die Karten aufnimmt und anpinnt. Teilnehmer haben so Gelegenheit, neu angepinnte Karten noch während ihres eigenen Denk- und Ideenfindungsprozesses zu lesen und „daran weiterzudenken", also über assoziatives Nachdenken auf Vorhandenem aufzubauen und dadurch neue, weitere Ideen zu entwickeln.

Zwei technische Tips für den Moderator:

– Vereinbaren Sie mit den Teilnehmern für diese Ideensammlung nur eine Kartenfarbe zu benutzen, damit Ihnen für die Verdeutlichung von Überschriften und anderen Strukturelementen später andere Farben zur Verfügung stehen.

– Halten Sie eine zusätzliche Pinnwand bereit, auf der Sie in einem zweiten Durchgang das Sortieren, Strukturieren und Kombinieren der Karten vornehmen können.

Unter Zeitdruck und/oder bei größeren Gruppen kann es möglich sein, daß der Moderator von Anfang an die Kreativität bewußt eingrenzt, indem er vorgibt: Jeder schreibt maximal eine oder zwei Karten. Das kann in Situationen sinnvoll sein, in denen man davon ausgehen kann, daß ohnehin genügend Ideen vorhanden sein werden und daß es viel Zeit kosten wird, aus den generierten Ideen eine auszuwählen und sich darauf zu einigen.

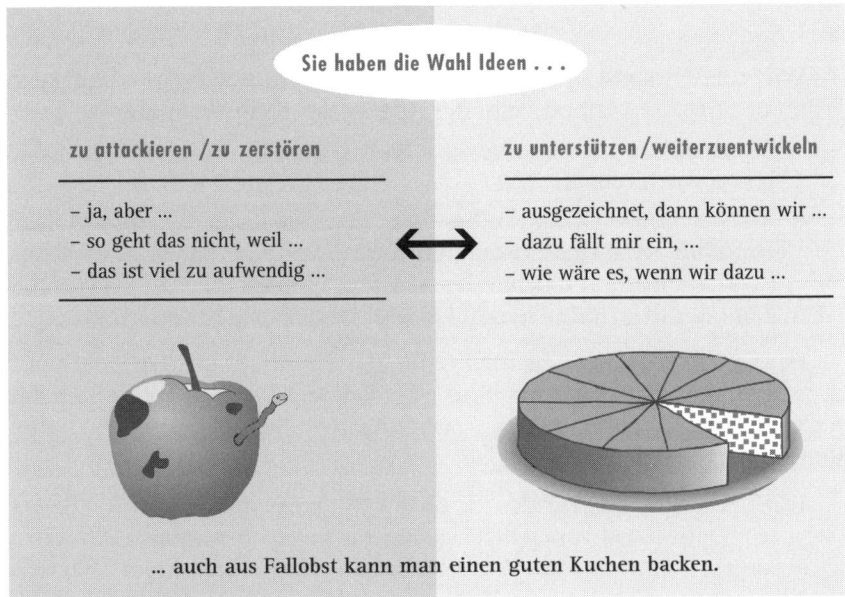

Sie haben die Wahl Ideen ...

zu attackieren / zu zerstören

– ja, aber ...
– so geht das nicht, weil ...
– das ist viel zu aufwendig ...

zu unterstützen / weiterzuentwickeln

– ausgezeichnet, dann können wir ...
– dazu fällt mir ein, ...
– wie wäre es, wenn wir dazu ...

... auch aus Fallobst kann man einen guten Kuchen backen.

Abb. 11: **Umgang mit Ideen**

Eine andere Form des Brainstorming ist die über Zuruf und Mitschrift auf dem Flipchart oder dem Overheadprojektor. Der Moderator oder ein Helfer schreiben die Ideen und Vorschläge der Teilnehmer für alle sichtbar auf. In einer offenen, vertrauensvollen Atmosphäre ist bei dieser Form das assoziative Denken, das Aufbauen auf Ideen anderer besser möglich, als beim Kartenschreiben. „Sprudeln" die Ideen dann wild durcheinander, ist das Ziel erreicht. Die Atmosphäre muß jedoch offen und vertrauensvoll sein, weil bei dieser Form des Brainstormings keine Anonymität herrscht.

Voraussetzung für das Sprudeln von Ideen ist, daß die Regel „Sammeln ohne bewerten" ernst genommen wird, daß es weder verbal noch non-verbal abwertende Kommentare zu Teilnehmervorschlägen gibt. Auch ist der Schreiber verpflichtet, alle Ideen ohne Vorauswahl aufzunehmen. Umständlicher ist bei diesem Verfahren des Brainstormings das Strukturieren und Sortieren der Vorschläge, da nicht mit der Flexibilität der Karten gearbeitet werden kann.

Voraussetzung für das Sprudeln von Ideen ist, daß die Regel „Sammeln ohne bewerten" ernst genommen wird.

Wir können nicht oft genug betonen, daß der Moderator hier auch Wächter über die Methode und die Regeln des Brainstormings ist.

- *Erster Schritt* ist das unbewertete, wahllose Erfassen von so vielen Ideen wie möglich.
- *Zweiter Schritt* ist das Aufbereiten. Dazu gehören das Aussortieren von Dubletten, das Zusammenstecken von Karten, die thematisch zusammengehören (klumpen, clustern, Wolken bilden), Reihenfolgen oder Prioritäten herstellen und Überschriften formulieren.

Beide Schritte dürfen nicht miteinander vermischt werden, weil sonst die Kreativität eingeschränkt wird oder verloren geht und vor allem das Vertrauen der Teilnehmer, neue, auch ungewöhnliche Vorschläge zu präsentieren, gefährdet ist.

Eine besondere Form des Brainstormings ist das *imaginäre Brainstorming*. Dabei wird versucht, den Weg für neue Lösungsmöglichkeiten dadurch freizumachen, daß die Teilnehmer ein Problem unter geänderten Bedingungen betrachten. In der Problemformulierung wird eine Bedingung, welche den Sachverhalt entscheidend mitbestimmt, bewußt ins Gegenteil verkehrt, also um 180 Grad gedreht. Bei der Formulierung „Wie würde ich das Problem lösen, wenn ..." wird dann beispielsweise aus knappen Geldmitteln ein reichliches Budget. Die Verneinung von bestimmten Bedingungen führt zur erforderlichen Distanz zum Problem und möglicherweise festgefahrenen Vorstellungen.

Für den Moderator ist noch wichtig abzuschätzen, wieviel Zeit für das Brainstorming eingesetzt werden kann. Die Erfahrung zeigt, daß das Brainstorming meistens zu lange dauert. Hilfreich ist es, die Zeit für das

Sammeln der Ideen von vornherein zu begrenzen. Schon wenige Minuten reichen in den meisten Fällen für den ersten Schritt des Brainstormings aus.

Edward De Bono, der Erfinder des „lateralen Denkens", schreibt dazu: „Es gibt nichts Schlimmeres als ein Brainstorming, das sich in Schweigen hinschleppt, während die Teilnehmer verzweifelt darüber nachdenken, was sie vorschlagen könnten. Die Gefahr der Langeweile und Unfruchtbarkeit besteht tatsächlich, und wenn die Technik gewohnheitsmäßig angewendet werden soll, ist es sehr wichtig, daß sie nie langweilig wird" *(De Bono, Seite 118)*. Auch diesbezüglich hat der Moderator wichtige Wächterfunktionen.

Schon im Vorfeld zum Brainstorming sollte sich der Moderator auch über den oft erheblichen Zeitbedarf für den zweiten Schritt des Brainstormings im klaren sein. Je mehr Ideen produziert wurden und je unterschiedlicher diese Ideen sind, desto mehr Aufwand muß der Moderator für den Aufbereitungs- und Konsensfindungsprozeß einkalkulieren.

Brainstorming ist ein außerordentlich kreativer Prozeß. In ihm können sich besonders diejenigen Teilnehmer „ausleben", wiederfinden und beweisen, deren Stärken vor allem in kreativen Bereichen liegen. Ein erfahrener Moderator kennt die Stärken seiner Teilnehmer, und er weiß, daß es oft gerade die phantasievollen Teilnehmer sind, die in den mehr methodisch-systematischen Stufen des Prozesses, wie Aufgabenklärung, Zielevereinbarung, Ausarbeiten detaillierter Planung, ungeduldig werden, weil sie kreativer sein wollen.

Mit dieser Ungeduld muß der Moderator rechnen und lernen, damit umzugehen, weil kreative Menschen dazu neigen, den gewissenhaft bis ins kleinste Detail systematisch arbeitenden Menschen unterzubewerten. Das gilt übrigens auch umgekehrt: Strukturierte Analytiker neigen dazu, kreative Kollegen häufig als realitätsferne Phantasten oder Spinner abzuwerten.

In diesen Ab- oder Unterbewertungen steckt jedoch auch ein Körnchen Wahrheit, denn Stärken und Schwächen sind Kehrseiten ein und derselben Medaille. Das Risiko besteht, daß kreative Menschen manchmal Kreativität höher einschätzen als Wirksamkeit. „Kreativität hat nur dann einen höheren Wert als Wirksamkeit, wenn sie zur Wirksamkeit hinzukommt. Auf den meisten Gebieten ist Kreativität an sich viel weniger wert als Wirksamkeit. Aber Kreativität und Wirksamkeit sind viel mehr wert als Wirksamkeit allein" *(De Bono, Seite 205 f.)*.

In der Verantwortung des Moderators liegt es, im Spannungsfeld zwischen Kreativität und Wirksamkeit die richtige Balance zu finden.

In der Verantwortung des Moderators liegt es, im Spannungsfeld zwischen Kreativität und Wirksamkeit die richtige Balance zu finden. Die Systematische Vorgehensweise bietet Freiraum für Kreativität, der genutzt werden muß. Die Chance, daß Systematik diesen Freiraum schafft, sollten Sie als Moderator auch Ihrer Gruppe verdeutlichen.

In diesem Freiraum sind auch Phasen von Chaos, von innovativer Disziplinlosigkeit zulässig. Ein erfahrener Moderator wird angesichts solcher Phasen in Gruppenprozessen keine Panik bekommen. Er muß aber darauf achten, daß sie wieder beendet werden, daß die Ergebnisse des Chaos wieder in die verabredete Struktur eingebunden werden, um Ideen auch zu realisieren.

Kreativ sein, Phantasie ausleben, Ideen produzieren ist in allen Stufen der Systematischen Vorgehensweise eine benötigte Stärke. Oft wird nur in der Stufe „Informationen sammeln" ein Brainstorming durchgeführt, dabei ist es auch in anderen Stufen ein hilfreiches Instrument, beispielsweise beim Klären der Ziele oder beim Sammeln von Durchführungsmöglichkeiten. Kreativität ist nicht nur auf das Produzieren von Ideen beschränkt, sondern auch bei dem Realisieren dieser Ideen gefragt. Die tollsten Ideen sind wertlos, wenn sie nicht umgesetzt werden. Und erst eine hohe Umsetzungsgeschwindigkeit bringt die entscheidenden Wettbewerbsvorteile.

Kreativität und Struktur erscheinen den meisten als Gegensätze, doch erst wenn sie miteinander verbunden werden, führen sie gemeinsam zum Erfolg.

5.4 Visualisieren

Wir wollen hier nicht die Anleitungen und Empfehlungen der Firmen Metaplan, Neuland und anderer professioneller und bewährter Visualisierer kopieren, noch auf deren Moderatorenkoffer und sonstige umfangreiche Techniken näher eingehen. In unserem Werkzeugkoffer für Moderatoren ist es lediglich wichtig, die Bedeutung des Visualisierens als methodisches Instrument der Moderation noch einmal gesondert herauszustellen.

Das Visualisieren – in der Regel am einfachsten über Flipchart (Whiteboard, Tafel, Overhead-Projektor) oder Pinnwände mit Karten – ist für den Moderator das wichtigste und wirksamste Mittel, die Diskussion aus dem Zustand der Unverbindlichkeit herauszuführen. Deshalb sollte er dafür sorgen, daß möglichst von Anfang an mitvisualisiert wird. Thesen, Unklarheiten,

Für den Moderator ist das Visualisieren das wirksamste Mittel, die Diskussion aus dem Zustand der Unverbindlichkeit herauszuholen.

Erläuterungen, Fortschritte, Ergebnisse, Fragen – was immer im Gruppenprozeß auftaucht, sollte über Visualisierung, über das Sichtbarmachen für alle festgehalten und damit aus der Gefahr des Verlorengehens wie auch der Gefahr der Unverbindlichkeit gerettet werden.

Gerade wenn mehrere Meinungen im Raum stehen und die Diskussion sich im Kreis dreht, hilft Visualisieren den Stand der Gespräche herauszuarbeiten. Die verschiedenen Standpunkte werden durch das Visualisieren für alle deutlich sichtbar. Gemeinsamkeiten und Unterschiede fallen schneller als durch jede mündliche Aussage ins Auge. Jeder fühlt sich ernst genommen, allein dadurch, daß seine Meinung, sein Standpunkt visualisiert wurde. Außerdem bewirkt das Visualisieren, vor allem von noch nicht akzeptierten Ideen, Aussagen und Thesen, spontane Beteiligung, indem es zum Widerspruch und zur Auseinandersetzung herausfordert. Erst wenn alle Widersprüche diskutiert wurden, kann es zum Konsens kommen, der auch wieder durch das Visualisieren für alle verbindlich festgehalten wird.

Das Visualisierte hilft den Teilnehmern der Gruppe, ihre Aufmerksamkeit zu focussieren, zu bündeln, zu konzentrieren. Moderatoren kennen den erstaunlichen Unterschied zwischen dieser Art der Focussierung, der gemeinsamen Öffnung zu dem visualisierten Thema hin, und der deutlichen Individualisierung der Aufmerksamkeit auf schriftliche Einzelinformationen. Die Einzelinformation, die vor jedem Teilnehmer auf dem Tisch liegt und zunächst nur ihn allein anspricht, bewirkt das Abwenden der Teilnehmer vom Gruppenprozeß. Der Gruppeneffekt ist merkbar unterschiedlich.

In der Moderation geht es vor allem darum, die beteiligten Menschen zu stimulieren, zu aktivieren und in ihrem Zusammenwirken zu optimieren. Deshalb sprechen wir von zwischenmenschlichen Interaktionen, die der Moderator bewirken und steuern soll. Dabei ist es wichtig, die Teilnehmer so weit und so viel wie irgend möglich aus passiver Teilnahme herauszulocken und zur aktiven Teilnahme zu führen.

Das kann der Moderator nur sehr bedingt über Aufforderungen, Appelle oder gar namentliche Aufrufe tun. Dieses Instrument nutzt sich erfahrungsgemäß schnell ab. Teilnehmer reagieren mit Unlust und Unwillen, viele fühlen sich gemaßregelt und an unangenehme Schulsituationen erinnert. Die – auch auf Dauer – wirksamste Einbindung gelingt dem Moderator über das Aktivieren der Moderierten zum Tun.

Das kann in den Stufen vor der Durchführung beispielsweise mit der Bitte zum Visualisieren geschehen. Für Visualisierung zu sorgen ist die Aufgabe des Moderators, aber das heißt nicht, daß er diese Aufgabe nicht ganz oder teilweise delegieren kann. „Würden Sie uns das bitte einmal am Flipchart näher erläutern? Halten Sie Ihre Idee doch auf einer Karte fest? Würden Sie Ihren Standpunkt in Stichworten anschreiben?" – Indem der Moderator zum Visualisieren auffordert, bindet er die Teilnehmer aktiv mit ein, führt sie von Passivität zur Aktivität und bringt im wörtlichen Sinne Bewegung in die Gruppe.

Visualisierung ist im übrigen nicht nur Schreiben, sondern auch Zeichnen, Skizzieren, Punkten usw. Ein Bild sagt mehr als tausend Worte – diese Erfahrung haben wir alle schon gemacht, wenn es um das Verstehen schwieriger Sachverhalte geht.

Alle Techniken zum Visualisieren dienen – vor allem in ihrer Kombination – der Beteiligung und dem Einbinden der Moderierten. Bei den meisten von uns ist die visuelle Wahrnehmung am meisten ausgeprägt. Wir erinnern beispielsweise nur 20 % von dem, was wir hören, aber 30 % von dem, was wir sehen. Werden durch Visualisieren von Gesprächen neben unseren Ohren auch unsere Augen für die Interaktionen in der Gruppe aktiviert, fällt es uns leichter zu verstehen, nachzuvollziehen und uns zu konzentrieren *(Siehe folgende Abb. 12)*.

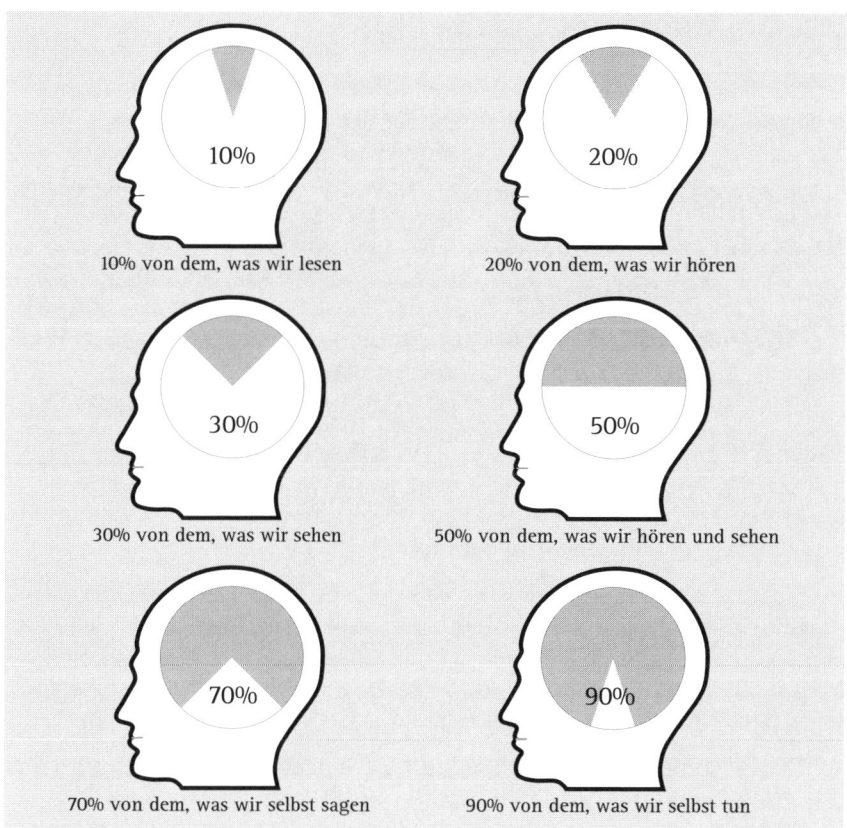

10% von dem, was wir lesen

20% von dem, was wir hören

30% von dem, was wir sehen

50% von dem, was wir hören und sehen

70% von dem, was wir selbst sagen

90% von dem, was wir selbst tun

Abb. 12: **Wie wir verankern**

In diesem Zusammenhang ist es auch zu verstehen, wenn erfahrene Moderatoren dafür sorgen, daß die Teilnehmer ihre Visualisierung, ihre Erläuterung, die Präsentation ihrer Gedanken vor der Gruppe, also nicht vom Sitzplatz aus, vortragen. Der körperliche Vorgang des Aufstehens, das Nachvornegehen und das Erläutern mit Hilfe des Visualisierens entspricht dem in der Abbildung verdeutlichten eigenen Tun, das ein Verankern von bis zu 90 % bewirkt.

5.5 Die Kunst des Reviewing

Die Rückblende ist eines der wichtigsten Instrumente, um Gruppenprozesse zu verbessern. „Die Kunst des Reviewing" – mit dieser Überschrift wollen wir deutlich machen, daß Reviewing mehr ist als nur auf das Geschehene zurückzublicken, daß ein Review oder wie wir – in Anlehnung an die Sprache von Kameraleuten – sagen, eine Rückblende eines der wichtigsten Instrumente ist, um Gruppenprozesse zu verbessern.

> *Die Rückblende ist eines der wichtigsten Instrumente, um Gruppenprozesse zu verbessern.*

Auf verschiedene, zum Teil informelle Art und Weise sind wir es gewohnt, auf Geschehenes zurückzublicken. Im Arbeitsalltag gibt es Projektreviews, Statusberichte, Beurteilungen und oft nach Arbeitsende auf dem Heimweg die Überlegung, wie war der Tag, wie bin ich vorangekommen.

Ausführliches, systematisches Rückblenden einer gesamten Arbeitsgruppe, eines Projektteams oder einer Abteilung kommt jedoch meistens zu kurz. „Dafür haben wir keine Zeit. Es hat doch alles gut geklappt. Das hält nur unnötig auf." – so lauten häufig die Antworten, um keine Rückblenden machen zu müssen.

Dabei kommt den Rückblenden eine entscheidende Bedeutung für alle Beteiligten und für den gesamten Prozeß der Zusammenarbeit zu. Die Rückblende, richtig, „kunstvoll" angewendet, dient im wesentlichen drei verschiedenen Zwecken:

- Innerhalb eines Prozesses wird sie in Form einer Zwischen-Rückblende als Instrument zur Korrektur und zum Lösen von aufgestauten Spannungen genutzt.
- Am Ende einer Arbeit dient die Rückblende zum Überprüfen des erreichten Endergebnisses und zur Analyse des Prozeßablaufs.
- Darüber hinaus ist die Rückblende die Basis für zukünftige Verbesserungen und entsprechende Planungen, sowohl auf der inhaltlichen als auch auf der Prozeßebene.

Zwischen-Rückblenden sind ein probates Mittel des Moderators in unklaren, stockenden Situationen, wenn sich ein Konflikt anbahnt oder sich eine Diskussion im Kreis dreht. Sie stehen als Mittel keineswegs nur dem Moderator zu, sondern selbstverständlich kann auch jeder andere

Beteiligte in den entsprechenden Situationen eine Zwischen-Rückblende vorschlagen oder fordern.

Die Zwischen-Rückblende fördert die Ursachen zutage, die im Ablauf Probleme bereitet haben und erlaubt so, den Kurs neu zu setzen. Das gilt sowohl für die inhaltliche als auch für die Prozeßebene. Deshalb löst sie Spannungen und dient psychologisch gesehen der Entspannung. Allen Beteiligten wird durch Zwischen-Rückblenden Gelegenheit gegeben, in methodisch geordneter Form andere Teilnehmer mit deren Tun oder Verhalten zu konfrontieren, zu kritisieren oder es zu kommentieren.

Das Rückblendenelement zum Überprüfen des Arbeitsergebnisses ist ein Soll-Ist-Vergleich. Er stützt sich auf die früher festgelegten Erfolgskriterien (Soll) und stellt fest, ob diese erreicht wurden (Ist).

Die hier angesprochene Kunst des Rückblendens bezieht sich in erster Linie auf die Arbeitsprozeßrückblende. Sie wird in diesem Kapitel besonders beachtet.

Die methodisch geordnete Form der Prozeß-Rückblende ist eine wichtige Voraussetzung, damit alle Moderierten, insbesondere die Kritisierten, negative Anmerkungen akzeptieren oder sogar annehmen und Konfrontationen aushalten können. Der geschützte Raum, der durch das Einhalten einer formalen Methode der Rückblende entsteht, fördert das dazu notwendige Vertrauen und die Offenheit, die „kunstvolle" Rückblenden wertvoll macht.

Was gehört nun zur Methode der Prozeß-Rückblende? Welche Regeln sollten dabei beachtet werden? Wir empfehlen, insbesondere bei neuen Gruppen, die Rückblende in drei Schritten durchzuführen:

1. Was ist gut gelaufen? Warum?
2. Was ist nicht gut gelaufen? Warum?
3. Was wollen wir das nächste Mal beibehalten oder besser machen? Wie?

Durch den ersten Schritt hält der Moderator alle Beteiligten dazu an, zunächst auf die Erfolge zu schauen. Erfolgsanalysen sind für viele Menschen ungewohnt, dabei haben gerade sie an der Qualität von Rückblenden einen großen Anteil. „Lernen im Arbeitsprozeß findet dann statt, wenn Menschen ihr Denken und ihr Tun in eine gewisse Ausgewogenheit miteinander zu bringen vermögen. Sie durchlaufen Phasen der Vorbereitung (Synthese) und des Tuns (Aktion), um dann zurückzublenden (Analyse) auf das, was nicht gut gelaufen ist (Fehler), – daraus lernen sie, was man nicht tun sollte – und auf das, was gut gelaufen ist (Erfolg), – daraus lernen sie, was man tun sollte. Wir nennen dies Versuch-und-Fehler-Lernen sowie Versuch-und-Erfolg-Lernen. Es folgt daraus: Begebt Euch auf die Suche nach dem Erfolg, ermittelt die Zutaten zum Erfolgsrezept, plant diese Zutaten in neue Aktivitäten hinein und geht auf diese Weise voran von Analyse über Synthese zum Erfolg. Das nennen wir den Prozeß des Erfahrungslernens" *(Coverdale, Seite 106).*

Die *Übersicht 8* stellt die ganz besondere Bedeutung der Erfolgsanalyse im Rahmen der Prozeßrückblende noch einmal unmißverständlich heraus. Damit wollen wir nicht die Fehleranalyse in Abrede stellen, sondern es müssen sowohl Erfolge als auch Fehler betrachtet werden, um zukünftige Vorgehensweisen verabreden zu können.

Übersicht 8: **Was lernen wir aus Erfolgen und Fehlern?**

Aus ERFOLGEN	Aus FEHLERN
lernt man, was man tun soll.	lernt man, was man nicht tun soll.
ERFOLGSANALYSE erbringt:	FEHLERANALYSE erbringt:
– Kenntnis der Bausteine zum Erfolg,	– Kenntnis dessen, woraus sich Schwierigkeiten, Gefahren oder Nachteile ergeben,
– Gefühle der Sicherheit, Hoffnung und Zuversicht,	– Spannung und Frust,
– Gelassenheit und Spannungsauflösung,	– Vorsicht und Risikoscheu,
– eine Einschätzung vorhandener Risiken,	– verbales Durcheinander,
– ein geschärftes Empfinden für das, was getan werden muß,	– Gefühle von Unterlegenheit, Unfähigkeit, Unzulänglichkeit, Zögern, Angst, Beeinflußbarkeit.
– Selbstvertrauen.	

Erfolgs- und Fehleranalyse sind beides Elemente der Rückblende, und wir empfehlen dem Moderator die entsprechenden Fragen so nebeneinander zu stellen:

Übersicht 9: **Rückblende I**

Was ist gut gelaufen? Warum?	Was ist nicht so gut gelaufen? Warum?
_____	_____
_____	_____
_____	_____

Was wollen wir beim nächsten Mal beibehalten, was anders/besser machen? Wie?

_____

_____

_____

In dieser Form werden alle drei Fragen visualisiert. Alle Teilnehmer bekommen Gelegenheit, sie erst einmal jeder für sich auf einem individuellen Notizzettel zu beantworten. Dafür sollte sich jeder einige Minuten Zeit nehmen. Auf diese Weise werden die Erlebnisse und Erfahrungen wie auch die individuellen Gefühle erst einmal „gesichert". Das ist günstiger, als wenn alle sofort anfangen, darüber zu reden, und so möglicherweise manches zerreden. Der Moderator fragt anschließend die Notizen einzeln ab. Dadurch erfolgt erst einmal eine Rückmeldung von jedem, um alle zu beteiligen. Er visualisiert die Antworten möglichst unverfälscht, also wörtlich, damit sich jeder auch später noch darin wiederfindet.

Übersicht 10: **Beispiel für ein ausgefülltes Rückblendenblatt:**

Was ist gut gelaufen? Warum?	**Was ist nicht so gut gelaufen? Warum?**
• Viele Ideen kamen zustande, weil alle ihre Meinung frei sagen konnten.	• Gegen Ende entstand eine große Hektik, weil der Zeitdruck enorm war.
• Wir sind termingerecht fertig geworden, weil Herr Meyer immer wieder an die Zeit erinnert hat.	• Wir haben lange gebraucht, um den Auftrag zu klären, weil wir erst sehr spät Rücksprache mit dem Auftraggeber gehalten haben.
• Der Vorschlag von Frau Schmitz wurde schnell von allen verstanden, weil sie ihre Idee visualisiert hat.	

Was wollen wir nächstes Mal beibehalten, was anders/besser machen?

Beibehalten:	**Anders machen:**
• Jemand aus der Gruppe soll an die Zeit erinnern. Die Aufgabe geht reihum. Beim nächsten Mal ist Herr X der „Zeitmahner".	• Frühzeitige Absprache mit dem Auftraggeber.
	• Reservezeit einplanen als Zeitpuffer.

Wichtig: Mit den Rückmeldungen zu den Erfolgen beginnen und konsequent erst die entsprechende Antwort sammeln! Wozu? Um die Bedeutung der Erfolgsanalyse zu verstärken. Erst danach zu den Rückmeldungen auf die rechte Spalte wechseln! Und eine weitere Regel: Jede Antwort gilt und ist richtig, weil es sich um Einzelmeinungen, um individuell Erlebtes handelt und an dieser Stelle kein Konsens in der Gruppe erreicht werden muß.

Dabei sollte der Moderator die Antworten dann hinterfragen, wenn sie aus Allgemeinplätzen oder bloßen Worthülsen bestehen. „Die Zusammenarbeit war gut." ist keine brauchbare Aussage, es sollte schon etwas zum „Warum?" angefügt werden. Hier hat der Moderator eine große Verantwortung. An ihm liegt es, die Erlebnisse der Teilnehmer so einzufangen, daß daraus sinnvolle Erkenntnisse abgeleitet werden können. An ihm liegt es, aus den „Bruchstücken" durch Nachfragen und Nachhaken, also durch aktives Moderieren, ein vollständiges, „rundes" Bild des Geschehenen, Erlebten und Gefühlten möglichst mit allen Ursachen und Hintergründen zu entwickeln.

Die *Übersicht 11* zeigt am Beispiel einer Rückmeldung für den Moderator den Unterschied zwischen konkreten und unspezifischen Aussagen und die Auswirkungen auf den Moderator.

Übersicht 11: **Beispiel einer Rückmeldung für den Moderator**

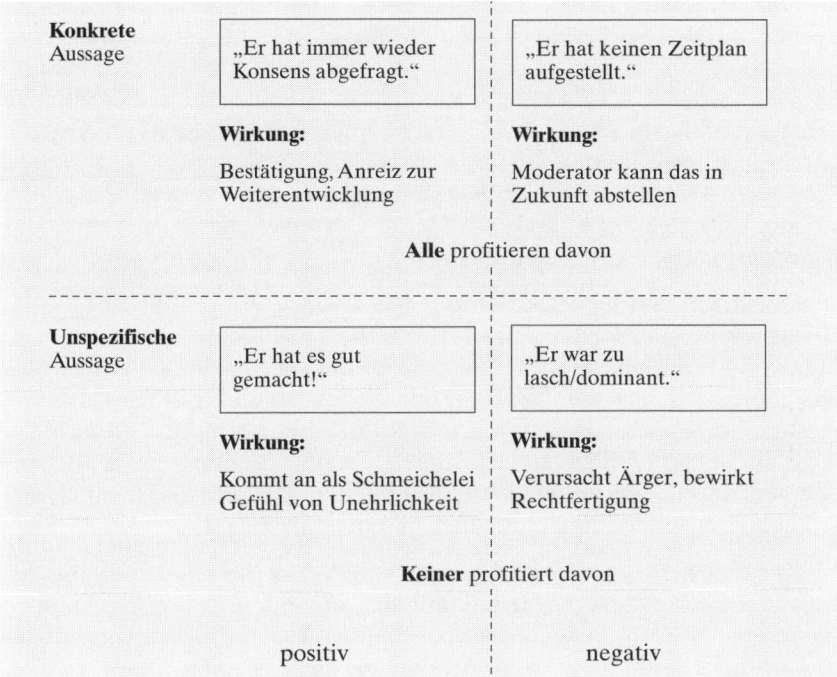

Immer wieder muß der Moderator den Teilnehmern vor Augen führen, wie wichtig diese Rückblende ist. Er sollte sie daran erinnern, daß nur vor dem Hintergrund dieser Aufarbeitung des Getanen, Geschehenen bewußtes, sinnvolles Lernen für die Zukunft erfolgen kann – und daß wir alle im Arbeitsprozeß diese Chance in der Regel viel zu wenig nutzen, weil wir es nicht gewöhnt sind, methodisch rückzublenden, weil wir meinen, dazu keine Zeit zu haben, weil wir uns dem Druck des Schaffenmüssens ständig beugen.

Sind alle Antworten zu den beiden ersten Fragen abgefragt, hinterfragt und diskutiert worden, kann es sinnvoll sein, in der Fülle der visualisierten Aussagen offensichtliche Gegensätze, Widersprüche auszudeuten. Da hat jemand in der linken Spalte geantwortet: „Wir haben unsere

Ziele gleich zu Beginn sehr klar und eindeutig definiert – und damit im weiteren Ablauf Zeit gespart." In der rechten Spalte steht folgende Rückmeldung eines anderen Teilnehmers: „Wir haben viel Zeit verloren, weil wir keinen 100 %igen Konsens über die Ziele hatten und weil uns dies in der Folge immer wieder behindert hat."

Der Moderator tut gut daran, derartige Widersprüchlichkeiten aufzudecken, um den Teilnehmern auf diese Weise zu zeigen, wie unterschiedlich dasselbe Geschehen von einzelnen erlebt wird. „Meine Wirklichkeit ist nicht Deine Wirklichkeit", nennt der österreichische Psychologe Watzlawick dieses Phänomen in einem Buchtitel. Mitglieder in Arbeitsgruppen müssen immer wieder dafür sensibilisiert werden, daß andere Menschen Dinge und Geschehnisse möglicherweise anders sehen, verstehen, interpretieren und so für die Notwendigkeit permanenter Klärungsprozesse gewonnen werden.

Der dritte und letzte Schritt der Rückblende auf den Prozeß ist die Beantwortung der letzten Frage. Hier geht es nicht mehr um einzelne, individuelle Beiträge, sondern hier geht es darum, welche Konsequenzen alle gemeinsam aus dem Geschehenen ziehen wollen. Hier wird also von Anfang an Konsens benötigt. Jeder Teilnehmer hat bereits Vorschläge dazu auf seinem Notizblatt gesammelt. Der Moderator muß dafür sorgen, daß daraus gemeinsame Antworten entstehen und daß die Antworten zu dieser letzten Frage möglichst konkret ausfallen.

Konkret heißt in diesem Fall, daß die Antworten als Handlungsanweisungen formuliert werden, damit sie eine gute Chance haben, auch umgesetzt zu werden. Aussagen wie: „Wir wollen in Zukunft sorgfältigere Auftragsklärung durchführen" sind zu vage, zu unbestimmt, als daß sie große Aussichten auf Realisierung durch die einzelnen Teilnehmer hätten. Damit wären sie allenfalls eine zukünftige Anweisung für den Moderator. Und genau das muß der Moderator vermeiden. Seine Aufgabe ist es, die Teilnehmer zu aktivieren, das heißt auch, sie in die Mündigkeit ihres eigenen Verhaltens zu führen. Das kann der Moderator erreichen, indem er an dieser Stelle dafür sorgt, daß die Vorhaben der Teilnehmer deutlich, verbindlich und überprüfbar sind, also als Prozeßpläne *(siehe Seite 77)* formuliert werden.

Die *Übersicht 12* liefert ein Beispiel, wie das Ergebnis einer Rückblende aussehen könnte. Deutlich wird, wie konkret Verabredungen für das weitere Vorgehen getroffen werden müssen.

Übersicht 12: **Beispiel für das Ergebnis einer Rückblende**

	Information	Was muß getan werden?	Plan
Beobachtung:	Die Aufgabe wurde nicht in der verfügbaren Zeit vollendet		
Erläuterung:	Mangelndes Zeitgefühl	Zeitplan aufstellen	Unmittelbar nachdem die nächste Aufgabe gestellt ist, wird ein Zeitplan aufgestellt, aus dem hervorgeht, zu welchem Zeitpunkt die Aufgabendurchführung beginnen und wann sie enden soll, und auch, welche Zeit für eine abschließende Überprüfung vorgesehen ist.
	Zeit wurde vergeudet, weil nicht alle Teilnehmer verstanden hatten, um was es ging.	Sicherstellen, daß die Ziele der Aufgabe allseits verstanden sind.	Sowie zu Beginn der nächsten Sitzung die neue Aufgabe an die Tafel geschrieben ist, soll jeder Teilnehmer mit seinen eigenen Worten schildern, wie er Sinn und Ziele dieser Aufgabe versteht.
		Überprüfen, ob alle gemachten Vorschläge mit den Zielen harmonieren.	Teilnehmer überprüfen, jeder für sich, ob die Vorschläge, die sie machen wollen, den aufgeschriebenen Zielen entsprechen.

Wir beschrieben eingangs, daß die oben dargestellte Form der Rückblende sich besonders für neu beginnende Arbeitsgruppen eignet. Je mehr gemeinsame Erfahrung die Gruppe miteinander gemacht hat, desto mehr sollte der Moderator in den Rückblenden auf genaueren Absichten für zukünftige Entwicklungen bestehen. Dazu mag es sinnvoll sein, die Form der Rückblende hin und wieder zu verändern. Folgende Möglichkeiten bieten sich an:

Übersicht 13: **Rückblende II**

Erfolge	Ursachen	Schwierigkeiten	Ursachen

Pläne, um an den Ursachen zu arbeiten:

Hier geht es vor allem darum, verfolgbare und überprüfbare Pläne aufzustellen, die im weiteren Vorgehen sicherstellen, daß an den festgestellten Ursachen gearbeitet wird: Wie können festgestellte Erfolge wiederholbar gemacht, wie können erkannte Schwierigkeiten eingeschränkt oder abgestellt werden?

Übersicht 14: **Rückblende III**

Was hat Gruppenmitglied X gesagt? / getan?	Was ist daraufhin geschehen?

Die letzte Form einer Prozeß-Rückblende soll aufdecken, wie die Gruppe mit den Beiträgen einzelner umgeht. Werden Beiträge aufgenommen, weiterbehandelt, genutzt oder werden sie übergangen, vergessen, abgeschmettert? Dem Moderator geben die Antworten die Möglichkeit, die Gruppe zu veranlassen, über ihre eigenen Verhaltensweisen gegenüber den anderen Gruppenmitgliedern nachzudenken. Dieses

Nachdenken läßt sich dann mit Überlegungen zu den Wirkungen der unterschiedlichen Verhaltensweisen verbinden. Die Schwierigkeit der Fragestellungen liegt darin, daß sie eine außerordentlich gute, genaue Beobachtungsgabe voraussetzen, eine Qualität, die sich in der Regel in Arbeitsgruppen – zumindest zu Beginn – nicht findet.

Hier kann der Moderator sich damit behelfen, daß er der Gruppe vorschlägt, aus ihren Reihen einen Beobachter zu bestimmen, der strecken-, abschnitts-, zeitweise ganz bewußt nicht in der Gruppe mitarbeitet, sondern ausschließlich Beobachtungen zum Prozeß notiert, die er der Gruppe in der Rückblende als Feedback zur Verfügung stellt. Für diesen Fall sollte der Moderator nach Möglichkeit dem Beobachter die Empfehlungen mitgeben, in seinem Feedback dafür zu sorgen, daß dies für die Gruppe hilfreich sein sollte, also nicht durch Überziehen der kritischen Rückmeldung bei der Gruppe Frustrationen oder gar Abwehr auszulösen.

Derartige Empfehlungen sind erfahrungsgemäß besonders dann notwendig, wenn es sich um Menschen mit vordringlich technischer oder naturwissenschaftlicher Ausbildung handelt. Für diese ist klar, daß Feedback immer das Melden von Abweichungen bedeutet. „Innerhalb der Systemtheorie bedeutete ‚Feedback' ursprünglich den Austausch von Daten über das Funktionieren der Teile eines Systems, unter der Voraussetzung, daß ein Teil alle übrigen beeinflußt, so daß, wenn irgend ein Teil vom Kurs abweicht, dieses auf die richtige Bahn zurückgeleitet wird" *(Coleman, Seite 193).*

Den Menschen, die von der Ausbildung her auf derartige „Fehler-Rückmeldung" programmiert sind, muß der Moderator sehr deutlich machen, daß organische Systeme, also Menschen, Fehlerrückmeldungen nur in Verbindung mit Erfolgsrückmeldungen zu verarbeiten vermögen.

Nützlich ist es auch, vor den Rückmeldungen des Beobachters oder vor der ersten Rückblende Spielregeln für das Feedback-Geben und -Nehmen zu verabreden. Wir empfehlen, für das Feedback-Geben folgende drei Schritte als Spielregeln zu verabreden:

1. Eine konkrete Beobachtung beschreiben.
2. Die Bedeutung dieser Beobachtung als Interpretation aus der Sicht des Feedback-Gebers darstellen.
3. Etwas über den eigenen Beurteilungshintergrund sagen.

Durch die Trennung von Beobachtung und Interpretation wird deutlich, daß es sich bei der Interpretation nicht um eine Tatsache, sondern um eine ganz persönliche Meinung handelt, die nicht allgemeingültig ist. Beispiel: „Herr Meier hat bei dieser Sitzung nur zweimal etwas gesagt." (Beobachtung) „Auf mich wirkt das, als würde ihn das Thema nicht interessieren." (persönliche Interpretation) „Wenn ich mich irgendwo nicht beteilige, bin ich meistens desinteressiert." (eigener Beurteilungshindergrund).

Auch für das Nehmen von Feedback sind verabredete Spielregeln empfehlenswert. Auch hier ist das Vorgehen in drei Schritten hilfreich:

1. Zuhören, ohne sich zu rechtfertigen.
2. Nachfragen, wenn etwas nicht verstanden wurde.
3. Eventuell einen Kommentar dazu geben, was dem Feedback-Nehmer die Rückmeldung bedeutet.

5.6 Vom Umgang mit der Zeit

Das berühmte Busch-Zitat: „Eins, zwei, drei! Im Sauseschritt läuft die Zeit; wir laufen mit." ist genau genommen eine Tautologie wie „der Wind weht" oder „der Fluß fließt". Schon Newton, Kant, Einstein und viele andere haben erkannt, daß es Zeit als substantivischen Begriff eigentlich überhaupt nicht gibt, daß der Begriff Zeit ein Konstrukt ist, um den Abstand zwischen mehreren Geschehnissen zu bestimmen, daß Zeitbestimmen allenfalls eine Verknüpfung oder Synthese von Ereignissen ist.

Machen wir uns also klar, daß es Zeit eigentlich gar nicht gibt, dann wird deutlich, daß der Umgang mit Zeit eine höchst problematische Angelegenheit ist. Um so mehr, wenn sich mehrere Leute in einer Arbeitsgruppe darüber den Kopf zerbrechen und sich womöglich auf eine bestimmte Zeitbegrenzung einigen müssen. Der Unternehmensberater und Fachbuchautor Klaus Bischof beschäftigt sich beispielsweise mit Zeitplanung für Besprechungsgruppen und gibt auf die in diesem Zusammenhang aufgeworfene Frage „Was ist Zeit?" folgende verblüffende, positive und humorvolle Antwort: „Zeit ist Leben, Freude, Abwechslung, Schmerz, sie ist schnell und vergänglich und vor allem knapp! Was ist Zeit nicht? Zeit ist nicht käuflich, nicht lagerfähig, nicht sicher, nicht vermehrbar, nicht ausleihbar, nicht schenkbar und kein Eigentum. Die Zeit ist das zu Verwendende oder zu Verschwendende und immer weniger werdende Kapital, das Sie heute investieren können. Sie können morgen mehr Lebensfreude, Glück oder auch das Umgekehrte erhalten.

Die Planung der Zeit ist die Brücke zwischen dem Gegenwärtigen und dem zu Erreichenden. Dabei entscheidet die heutige Planung (oder deren Unterlassung) über Ihren Weg und Ihr Wohlbefinden bis dorthin" *(Bischof, Seite 101 f.).*

Der Wissenssoziologe Norbert Elias weist uns darauf hin, daß das Umgehen mit Zeit ein mühsamer zivilisatorischer Lernprozeß ist. Erwachsene in Industriegesellschaften sind es gewohnt, menschliche Lebensprozesse zu einer Skala fortlaufender Jahreszahlen (Kalender), ja sogar zu einer Skala fortlaufender Sekunden, Minuten, Stunden (Uhr) in Beziehung zu setzen. Doch diesen ständigen, mehr oder weniger routinierten, allerdings durch soziale Zwänge und Interdependenzen unausweichlichen Umgang mit Zeitbegriffen müssen Menschen als Individuen wie erst recht auch als Gesellschaften erst mühsam lernen – und das braucht seine Zeit.

Elias schildert im Rahmen der historisch-zivilisatorischen Entwicklung des Umgangs mit Zeit, wie das Festsetzen von Zeit immer zugleich ein Akt der Herrschaftsausübung ist, der früher von Priestern und Königen wahrgenommen wurde, bis sich dieser Fremdzwang in unserer heutigen Gesellschaft zu einem oft sekundengenauen Selbstzwang entwickelt hat. Elias nennt es eine „Selbstregulierung", die er als eine „soziale Fertigkeit"bezeichnet *(Elias, Seite 126).*

Dieser Exkurs in die Geschichte und in die soziologische Bedeutung des Umgangs mit Zeit soll die Bedeutung dieses Vorgangs auch für den Moderator verständlich machen. Denn in diesem Exkurs werden zumindest zwei Erkenntnisse herausgestellt, die für den Moderator in seiner Arbeit mit einer Gruppe von großer Wichtigkeit sind: Der erfolgreiche Umgang mit Zeit setzt ein zeitaufwendiges soziales Lernen voraus, und die externe Festsetzung von Zeit als Herrschaftsakt wird durch die soziale Fertigkeit der Selbstregulierung ersetzt. Beides muß in der Moderation berücksichtigt werden.

Zum ersten sollte der Moderator damit rechnen, daß jede Gruppe ihren ganz spezifischen eigenen Umgang mit Zeit ausprobieren und trainieren muß. Der Moderator kann nur Hilfestellung leisten, indem er immer wieder – vor allem in den Frühstadien der Stufen „Auftragsklärung" und „Plan aufstellen" sowie in der Rückblende – auf die Erfahrungen *dieser* Gruppe mit verlorener Zeit, Zeitdruck, Ungenauigkeiten in der Zeitplanung aufmerksam macht und entsprechende Prozeßpläne zum Gegensteuern anmahnt.

Noch mehr aber sollte der Moderator sich darauf konzentrieren, bereits erzielte erste Erfolge, kleine Fortschritte, die von der Gruppe im Umgang mit Zeit gemacht wurden, her-

Fördert der Moderator die Selbstverantwortung der Gruppe für die Zeit, so kann er es verhindern, in die Rolle des ständigen Zeitmahners zu kommen.

auszustellen und deren Ursachen bewußt zu machen. Nichts macht Leute so schnell zu Könnern, als wenn man sie frühzeitig „dabei erwischt, wenn sie etwas gut machen. Am Anfang genügt schon eine annähernd gute Leistung, und allmählich bringt man sie auf das gewünschte Niveau" *(Blanchard/Johnson, Seite 83)*. So wird auch die Gruppe allmählich eine eigene Technik für ihren erfolgreichen Umgang mit der Zeit entwickeln, verfeinern und perfektionieren. Und jede Gruppe wird dies ein klein wenig anders machen, so wie es zu ihr und ihren Mitgliedern paßt. Und das braucht seine Zeit!

Zum zweiten sollte der Moderator alles tun, um nicht als Zeitbestimmer, als Wächter des Zeitablaufs, als der Zeitmahner empfunden zu werden. Wie wir in dem obigen historischen Exkurs gezeigt haben, geht es darum, die soziale Fertigkeit der Selbstregulierung zu entwickeln. Und zwar bei jedem Mitglied der Gruppe. Die Betroffenen müssen einsehen lernen, daß sie keineswegs immer gegen einen extern gesetzten, oftmals anonymen Zeitdruck ankämpfen müssen, sondern sich mit ihrer eigenen Zeitverschwendung auseinanderzusetzen haben.

Die Gruppenmitglieder selbst sind es – jeder einzelne für sich – die beispielsweise Redebeiträge in Diskussionen verkürzen können, nur sie selbst sind es, die Wiederholungen und zeitaufwendige Doppelaktionen zu vermeiden vermögen. Kein Moderator kann das dafür notwendige Selbstregulativ des einzelnen ersetzen. Und deshalb muß der Moderator alles tun, um diesen Prozeß zum Entwickeln dieser Selbstregulierung im Umgang mit Zeit in Gang zu setzen. Beispielsweise, indem er anregt, Zeitvorgaben, Zeitpläne, einen Zeitstrahl oder andere zeitbezogene Ablaufinstrumente auf jeden Fall zu visualisieren, damit jeder diese Aufforderung vor Augen hat, damit jeder für sich verantwortlich damit umzugehen lernt.

Auch hierbei gilt, was wir bereits früher bezüglich der Moderationsverantwortung gesagt haben: Jeder Teilnehmer kann und soll sie für sich in Anspruch nehmen, wo es dem Fortkommen der Gruppe dient. Also kann auch jeder Zeitverantwortung übernehmen und Prozeßkompetenz ausüben, indem er auf den visualisierten Zeitablauf hinweist und entsprechende Konsequenzen deutlich macht.

Denn vertane Zeit kostet Geld, und gerade in Besprechungen mit mehreren Teilnehmern geht viel Zeit verloren. Mangelndes Management der Ressource Zeit ist häufig Ursache für Frusterlebnisse, dabei kommt dem Zeitmanagement gerade in Projektorganisationen eine immer größere Bedeutung zu.

Der Moderator fördert und unterstützt die Selbstverantwortung der Gruppe für die Zeit, doch darüber hinaus kann er persönlich dazu beitragen, daß mit der immer knapper werdenden Ressource Zeit sparsam umgegangen wird.

Wichtig ist, daß der Zeitrahmen für Besprechungen vorgegeben wird. Nichts ist ärgerlicher, als wenn Besprechungen „ins Uferlose" laufen. Eine verabredete Endzeit gibt zum einen den Teilnehmern Sicherheit, ihre Arbeit für den Rest des Tages planen zu können und zum anderen wird dadurch die gemeinsame Verantwortung für das Einhalten des Endes erhöht. Muß die Zeit aus schwerwiegenden Gründen verlängert werden, dann sollte eine neue Endzeit verabredet werden.

Pünktlich anfangen ist eine Grundvoraussetzung für pünktliches Ende. Der Moderator muß hier mit gutem Beispiel vorangehen und selbst frühzeitig am Tagungsort sein.

Auf Besprechungen finden sich immer wieder auch Teilnehmer ein, die nicht unbedingt für das entsprechende Thema gebraucht werden. Je mehr Teilnehmer, desto länger wird in der Regel auch benötigt. Hier sollte der Moderator, wenn möglich, auf die Auswahl der Teilnehmer achten.

Eine besondere Zeitfalle bei Besprechungen sind unklare Ziele. Wie bereits in *Kapitel 4.3 Ziele vereinbaren* erwähnt, kann Zeit gespart werden, wenn der Moderator in dieser Stufe des Systematischen Vorgehens methodisch handelt. Auch wenn, bei Projektarbeit beispielsweise, zum Klären der Ziele Zeit investiert werden muß, zahlt sich diese Investition mittel- und langfristig aus.

Projektarbeit muß sich innerhalb der Linienorganisation immer wieder mit dem Zeitproblem auseinandersetzen. Die Zeit für Projekte wird häufig zu knapp kalkuliert. Wir haben deshalb in einer Übersicht die Elemente, die im Umgang mit der Zeit zu einem erfolgreichen Zeitmanagement gehören, zusammengestellt.

Übersicht 15: **Erfolgselemente zum Zeitmanagement**

Instrumente	Planung

• angepaßtes Zeitplansystem
  – Zeitstrahl
  – Bar Chart
  – Liniendiagramm
  – Netzplan
  – EDV-unterstützt,
• Reserven/Puffer einplanen,
• kritische Aktivitäten bestimmen und kontrollieren,
• Planung in Phasen.
	• Vorwärtsrechnung
	  (schätzen des Endtermins),
	• Rückwärtsrechnung (schätzen des Anfangszeitpunkts),
	• Grobschätzung,
	• Feinschätzung,
	• Überprüfung
	  – laufend
	  – geplant
	  – ad hoc,
	• Meilensteine,
	• Anpassungen und Veränderungen.

Kommunikation
• offene Information über Zeitvorsprung/Zeitrückstand, • Transparenz, Vorsehbarkeit, keine Überraschungen

Delegation	Zusammenarbeit
• Arbeitsteilung nutzen und fördern, • Gruppenmitglieder zur erhöhten Verantwortung motivieren, • realistische Einschätzung der Kapazitäten, • Mittel zur Verfügung stellen, • Verständnis für Konfliktpotentiale zwischen Gruppe u. Organisation.	• Zeitplanung unter Einbezug der Beteiligten, • Zeiten verhandeln, nicht vorgeben, • klare Absprachen, • fairer Umgang mit Partnern, • guten Umgang mit der Zeit hervorheben, loben, • Moderator faßt mit an, unterstützt, wenn die Zeit knapp ist.

5.7 Tips

In diesem Kapitel haben wir einige Beobachtungen und Empfehlungen zusammengestellt, die für manchen Moderator, für manche Moderationssituation als besonderer Hinweis wertvoll sein können. Dabei handelt es sich um ganz unterschiedliche Erfahrungen aus unserer eigenen Moderationstätigkeit, die hier unpriorisiert und ohne bestimmte Reihenfolge aufgeführt sind.

● **Sitzen oder stehen?**

Macht es einen Unterschied, ob der Moderator während seiner Moderation sitzt oder steht? Oder gar, wo er steht oder sitzt? Wir meinen: ja. Im Stehen befindet sich der Moderator „über" den sitzenden Teilnehmern. Das kann, muß aber nicht, von der Gruppe unterschwellig als Machtposition empfunden werden. Die Macht des Moderators wird noch deutlicher, wenn er beispielsweise selbst am Flipchart steht und chartet, also schreibt. Wie stark die Macht oder auch Dominanz des stehenden Moderators empfunden wird, hängt stark mit seiner Persönlichkeit zusammen. Moderatoren, die über eine starke Gestik und eine laute Stimme verfügen, können ihre Wirkung reduzieren, indem sie sich hinsetzen. Beispielsweise kann der Moderator jemand anderen bitten, das Charten zu übernehmen. In diesem Fall kann er sich setzen, am besten so, daß er Gruppe und Visualisierungsgeschehen gleichmäßig gut im Auge hat und den Überblick behält. Jeder Moderator sollte sich der unterschiedlichen Wirkungsweise von Sitzen und Stehen bewußt sein und situativ entscheiden, was er bevorzugt.

Häufig kann es für den Moderator hilfreich sein, wenn er selbst nicht chartet, daß er während der Rückblende in der Gruppe sitzt. Er verdeutlicht auf diese Weise, daß er Teil der Gruppe ist und wird damit nicht so leicht als externer, fremder Hinterfrager und Kritisierer empfunden.

Ähnliches gilt für einen eventuellen Beobachter. Ist während des Prozesses ein Beobachter eingesetzt worden und hat sich dieser während der Beobachtungsphase etwas abseits von der Gruppe gesetzt, um nicht hineingezogen zu werden, um Neutralität und Unbeteiligtsein zu verdeutlichen, so sollte der Beobachter zum Zeitpunkt seines Feedbacks an die Gruppe auf alle Fälle wieder innerhalb der Gruppe sitzen.

● Sitzordnung

In vielen Fällen wird sich der Moderator keine Gedanken über die Sitzordnung zu machen brauchen. Menschen setzen sich in der Regel so, wie sie möchten. Sollte es aber aus irgendwelchen Gründen möglich oder erforderlich sein, beispielsweise weil Namensschilder am Sitzplatz angebracht werden müssen, so gibt es ein paar nützliche Erfahrungswerte.

Zweck jeglicher Sitzordnung sollte immer sein, die zu erwartenden Interaktionen möglichst gleichmäßig auf die Teilnehmer zu verteilen. Das bedeutet, stärkere, dominantere Teilnehmer nicht nebeneinander setzen, sondern verteilen. Häufig bilden sich Aktionsachsen von einem Dominanten zum anderen – und je mehr von den Zurückhaltenden entlang dieser Achse sitzen, desto mehr werden von dem Aktionismus mitgerissen.

Streithähne, als Kontrahenten bekannte Teilnehmer, sollten sich möglichst nicht gegenüber sitzen. Manchmal gibt es in Gruppen zwei Leute, die einander ständig kritisieren und sich gegenseitig aufstacheln. Sie sollten nebeneinander sitzen, isoliert durch einen Dritten.

● Delegation

Wie schon erwähnt, kann der Moderator gewisse Tätigkeiten an die Gruppenmitglieder delegieren. Er kann einen Schreiber an die Pinnwand oder das Flipchart bitten. Das kann, gerade wenn viel visualisiert werden muß, eine große Unterstützung sein. Er kann darum bitten, daß andere Gruppenmitglieder das Anpinnen von Metaplankarten übernehmen oder deren Sortieren an der Pinnwand. Ein großer Vorteil dabei ist, daß der Moderator dadurch nicht mit dem Rücken zur Gruppe steht und ihm wichtige verbale oder non-verbale Interaktionen nicht entgehen können.

Bestimmte Funktionen bezüglich der Zeitkontrolle sollte der Moderator auf jeden Fall delegieren, um, wie schon genannt, nicht als Zeitdrängler empfunden zu werden.

Diese Delegationen erleichtern es ihm, den Überblick zu behalten und sich auf seine Aufgaben als Prozeßleiter zu konzentrieren. Ein zusätzlicher Zweck der Delegation kann auch das Aktivieren oder Einbinden von bestimmten Personen, beispielsweise zurückhaltenden Teilnehmern, sein.

● Integration

Der Moderator sollte sehr genau darauf achten, jeweils Zuspätkommende, Rückkehrer, Neuhinzukommende zur Kenntnis zu nehmen, eventuell extra zu begrüßen und sorgfältig „anzukoppeln". Er muß ihnen kurz und knapp die fehlende Information vermitteln, damit sie nahtlos weiter mitmachen können. Das mag zwar manchmal lästig, öfter auch ärgerlich sein – weil es den Ablauf erheblich stören kann – ist aber notwendig, weil

- sichergestellt wird, daß der Betreffende sich als wichtiger Teil der Gruppe und damit wohl und motiviert fühlt und
- es in der Regel verhindert, daß der Betroffene nach einiger Zeit von selbst versucht, die fehlende Information zu erfragen und dann erst recht stört oder – schlimmer noch – sich aufgrund von Unwissen falsch einbringt, falsche Weichen zu stellen versucht etc.

In gewissen Situationen, beispielsweise bei einem neuen Mitarbeiter in der Abteilung oder im Projektteam, muß der Moderator oder die moderierende Führungskraft sicherstellen, daß die Integration sorgfältig vorbereitet und entsprechend Zeit eingeplant wird. Gegenseitige Erwartungen, Ziele, Stand der Arbeit und wo noch Einflußmöglichkeiten sind – darüber muß gesprochen werden.

● Transparenz

Transparenz hat im Zusammenhang mit Moderation eine wichtige Bedeutung. Die Führungskraft muß als Moderator ihre unterschiedlichen Rollen und die sich daraus ergebenden Verpflichtungen transparent machen. Jeder Moderator, beispielsweise der Projektleiter in seiner Moderationsrolle, sollte Transparenz herstellen, wenn er einen inhaltlichen Beitrag als Gruppenmitglied liefert. Transparent für alle Beteiligten muß auch die Vorgehensweise gemacht werden. Der Moderator ist kein Zauberer, der sein Handwerkszeug verheimlichen muß, sondern im Gegenteil: Je mehr Moderationstechniken die einzelnen Gruppenmitglieder kennen und beherrschen, desto mehr Verantwortung für den Prozeß können auch sie nehmen.

Transparent sollte der Moderator auch machen, wenn er selber verunsichert ist, wenn er den „roten Faden" verloren hat. Auch als Moderator kann es passieren, daß man den Überblick verloren hat. Statt weiter zu agieren in der Hoffnung, das Durcheinander wird sich schon auflösen, sollte er besser die Gruppe um Unterstützung bitten.

● „Warum?" oder „Wozu?"

Im allgemeinen Sprachgebrauch benutzen wir meist beide Fragen synonym, ohne uns über einen Unterschied in der Bedeutung klar zu sein. Und doch gibt es einen Unterschied, den der Moderator kennen sollte.

Die Frage „Warum?" ist eine Kausalfrage. Sie verlangt im kritischen Sprachgebrauch die Antwort „weil ..." und dann folgt eine Begründung. Begründungen basieren auf Vorhandenem, Bestehendem, Regeln, Fakten, Erfahrungen aus der Vergangenheit. Häufig fühlt sich der Gefragte zu einer Rechtfertigung, einer Verteidigung herausgefordert.

Die Frage „Wozu?" ist eine Zielfrage. Sie verlangt im kritischen Sprachgebrauch die Antwort „um ... zu ..." und dann wird das genannt, was erreicht werden soll, der beabsichtigte Zweck wird erläutert. Damit richtet sich diese Frage in die Zukunft.

Auch wenn wir in unserer Alltagssprache zwischen diesen beiden Fragen meist nicht differenzieren, so gibt es doch Gelegenheiten, bei denen es bedeutsam sein kann, diese Unterscheidung zu machen. Manch einer wird beispielsweise schon die Erfahrung gemacht haben, daß Chefs merkwürdig ungehalten reagieren, wenn man sie fragt „Warum soll ich das machen?" Und Chefs reagieren meist anders, wenn sie gefragt werden „Wozu machen wir das, was wollen wir damit erreichen?"

Der Moderator sollte sich des Unterschieds bewußt sein *(siehe Abb. 13)*. Durch „Warum?" kann er den Auftrag klären und zusätzliche Hintergrundinformationen herausholen, durch „Wozu?" eröffnet er eine sinnvolle Zieldiskussion. Er sollte auch darauf achten, daß die Gruppe ihre Ziele mit der Formulierung „um ... zu ..." aufschreibt. Die Zielorientierung wird dadurch eindeutiger, und das hilft dem Prozeß. Beginnt eine Zielformulierung mit „weil", könnte im Extremfall da stehen „weil wir diesen Auftrag bekommen haben" – und das wäre keine sinnvolle, ja sogar eine gefährliche Antwort auf die Frage nach dem Sinn und Zweck.

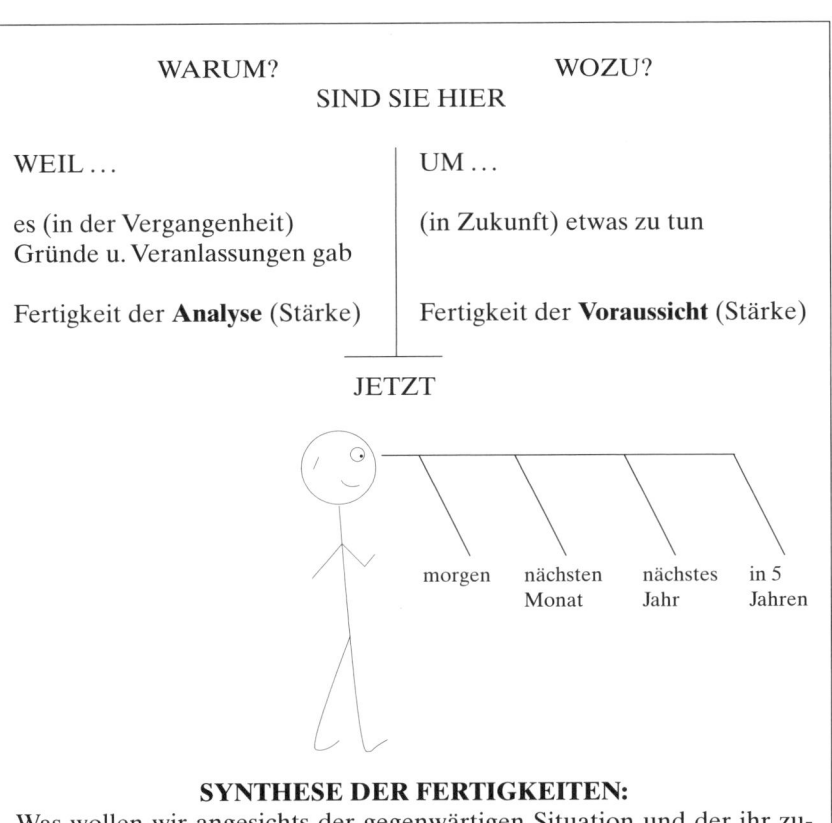

WARUM?   WOZU?
        SIND SIE HIER

WEIL ...   UM ...

es (in der Vergangenheit)   (in Zukunft) etwas zu tun
Gründe u. Veranlassungen gab

Fertigkeit der **Analyse** (Stärke)   Fertigkeit der **Voraussicht** (Stärke)

                    JETZT

morgen   nächsten   nächstes   in 5
          Monat   Jahr   Jahren

SYNTHESE DER FERTIGKEITEN:
Was wollen wir angesichts der gegenwärtigen Situation und der ihr zugrundeliegenden Veranlassungen aus der Vergangenheit in der unmittelbaren Zukunft (morgen, nächste Woche, nächstes Jahr) in Gang setzen?

Abb. 13: **Unterschiede zwischen „Warum?" und „Wozu?"**

● **Jargon vermeiden**

Wir empfehlen Moderatoren, sich in die Sprache der Moderierten „einzuhören", auf gebräuchliche, häufig verwendete Ausdrucksweise zu achten und sich anzupassen. Wir machen manchmal die Erfahrung, daß die von uns – insbesondere im Zusammenhang mit der Systematischen Vorgehensweise – benutzten Begriffe von Teilnehmern nicht leicht angenommen werden. Um auch hier die Beteiligten „da abzuholen, wo sie stehen", kann der Moderator die Jargon-Begriffe der Systematischen

Vorgehensweise in eine Art Alltagssprache übersetzen. Dazu geben wir einige Anregungen:

Auftragsklärung:	– „Was sollen wir eigentlich tun?"
	– „Kann mal einer von Ihnen erläutern, was wir eigentlich machen wollen?"
	– „Also, was wird von uns erwartet?"
	– „Was ist der genaue Inhalt der Aufgabe?"
	– „Herr/Frau X/Y, wie haben Sie den Auftrag verstanden?"
	– „Was verstehen wir unter diesem Wort/Auftrag?"
Sinn/Zweck:	– „Wozu machen wir das?"
	– „Für was soll dieser Auftrag dienen?"
	– „Ist der Auftrag überhaupt sinnvoll?"
	– „Welche(r) Zweck(e) wird verfolgt?"
Kunde:	– „Für wen arbeiten wir?"
	– „Wer ist eigentlich unser Abnehmer?"
	– „Von wem kommt der Auftrag?"
	– „Wem soll unser Ergebnis helfen?"
Endprodukt:	– „Wie soll das Ergebnis unserer Arbeit konkret aussehen?"
	– „Was sollen wir bis ... Uhr erstellt haben?"
	– „Wer hat schon eine Vorstellung davon, was dabei herauskommen soll?"
	– „Will ich dem Empfänger Alternativen darstellen?"
Erfolgskriterien:	– „Woran wollen wir am Ende messen, ob wir erfolgreich gearbeitet haben?"
	– „Welchen Qualitätsanforderungen muß unser Ergebnis gerecht werden?"
	– „Welche Vorgaben haben wir zu berücksichtigen?"
	– „Welche Erwartungen hat unser Auftraggeber?"

Information:	– „Sammeln wir doch einmal Ideen hierzu."
	– „Wer hat Erfahrungen mit dieser Materie?"
	– „Welche Risiken müssen wir bedenken?"
	– „Welche Alternativen haben wir?"
„Was muß getan werden?"	– „Was müssen wir alles tun?"
	– „Wie müssen wir das umsetzen?"
	– „Gibt es schon vergleichbare Lösungen?"
Plan:	– „Wer macht was?"
	– „Bis wann ist was fertig?"
	– „Wo und wie wird es gemacht?"
	– „Wieviel ist bis wann zu schaffen?"
	– „In welcher Reihenfolge wollen wir vorgehen?"
Durchführung:	– „Laßt uns den Plan durchführen."
	– „Sind wir auf dem richtigen Weg, um das gewünschte Ergebnis zu erhalten?"
	– „Werden wir rechtzeitig fertig?"
	– „Fertigen wir das geplante Produkt?"
Auftragsrückblende:	– „Haben wir das erreicht, was wir uns vorgenommen haben?"
	– „Ist es das, was von uns verlangt wurde?"
	– „Haben wir alle Vorgaben berücksichtigt?"
	– „Ist der Auftraggeber zufrieden?"
Prozeßrückblende:	– „Was war hilfreich?"
	– „Was war hemmend?"
	– „Was wollen wir beim nächsten Mal beibehalten oder anders machen?"
	– „Wie war unsere Zusammenarbeit?"

● **Problemdiskussion**

Gelegentlich bekommt ein Moderator gemeinsam mit einer Gruppe den relativ offenen Auftrag, einen Problemklärungsprozeß durchzuführen, beispielsweise mit den Worten „Stellen Sie doch mal fest, um was es dabei eigentlich genau geht!"

Für derartige Situationen empfehlen sich visualisierte Vernetzungen. Der Ablauf verläuft folgendermaßen:

In der Mitte einer Pinnwand wird das Problem aufgeschrieben, am besten in ein Kästchen. Ausgehend von diesem Kästchen werden nach oben und nach unten mehrere Hierarchien von weiteren Kästchen, auf jeder Hierarchieebene so viele wie möglich, eingezeichnet. Bei den Kästchen nach oben folgt man der Frage „Warum ist das so?" und schreibt in gemeinsamer Diskussion Antworten auf die „Warum?"-Frage in die Kästchen einer Hierarchieebene. Für jede Antwort wird ein neues Kästchen eingerichtet. Mit einer neuen Serie von „Warum?"-Fragen geht man dann an die nächsthöhere Hierarchie heran und sammelt dort Antworten.

In einem weiteren Schritt bietet es sich an, die Antworten mit Linien, gestrichelten Linien, Pfeilen – je nach gewünschter Bedeutung und Intensität – zu vernetzen, um Interdependenzen aufzuzeigen.

In gleicher Weise geht man vor vom Problemkästchen mit der Frage „Wie wirkt sich das aus?" nach unten und verfolgt auch diese Frage von Ebene zu Ebene. So entsteht Schritt für Schritt ein komplettes Problem-Netzwerk *(Abb. 14)* für

- das Aufzeigen von denkbaren Ursachen/Gründen und
- denkbare Auswirkungen von Problemen als Einstieg zu Lösungsansätzen.

Im Endergebnis hat man durch moderierte Diskussion mit Hilfe der Netzwerke einen recht guten Überblick zur ursprünglichen Frage „Um was geht es dabei?". Darüber hinaus gewinnt man – oftmals überraschende – Erkenntnisse über Vernetzungen und Zusammenhänge, die bisher nicht offenkundig waren und hat in der Regel bereits einen ganz guten Einstieg in eine Problemlösung.

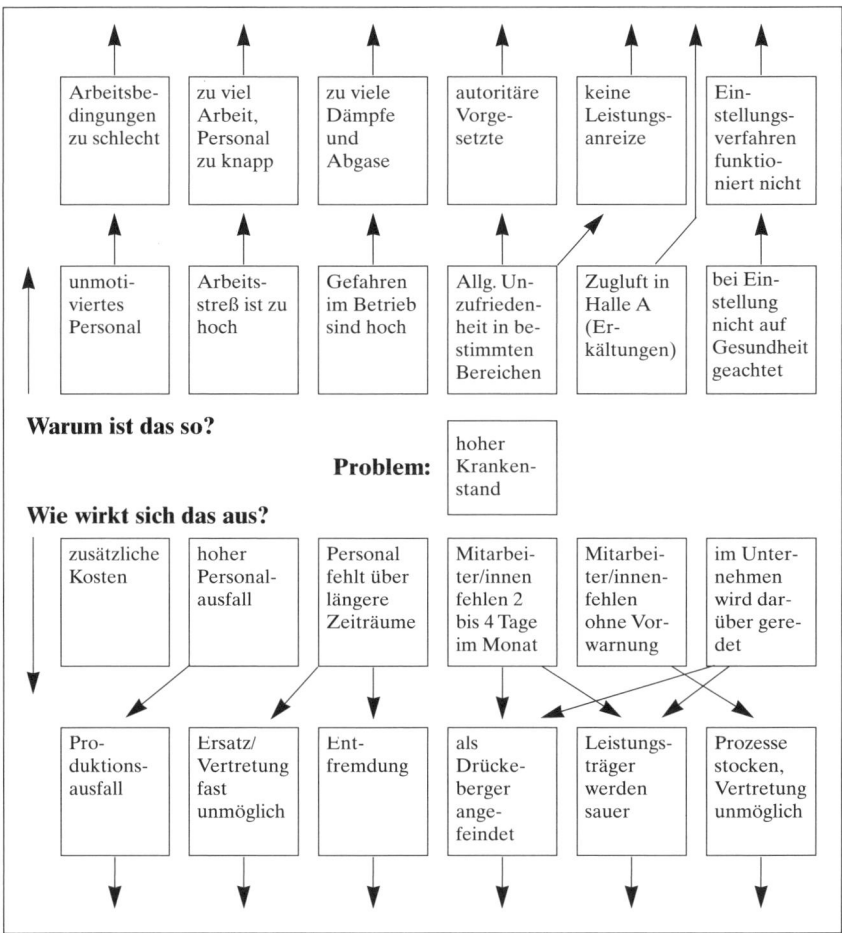

Abb. 14: **Problem-Netzwerk** (kann bei Bedarf vertieft werden)

Will man den Weg zur Problemlösung weiter verfolgen, so kann man in ähnlicher Weise weiterverfahren. Vor dem Hintergrund der bereits getanen Arbeit wird es nicht schwer sein, dem Problem eine Lösungsabsicht in Form einer Zielformulierung gegenüberzustellen. Diese Zielformulierung trägt man wieder in ein Kästchen auf der Mitte einer neuen Pinnwand ein und geht nun nach oben mit der Frage „Wozu soll das erreicht werden?". Genauso geht man nach unten mit der Frage „Wie soll das erreicht werden?" und komplettiert auf diese Weise die ganze Pinnwand – genau wie im ersten Fall.

Das Ergebnis ist ein Ziele-Netzwerk *(Abb. 15)* für

- das Aufzeigen von denkbaren Zwecken und
- das Aufzeigen von möglichen Maßnahmen.

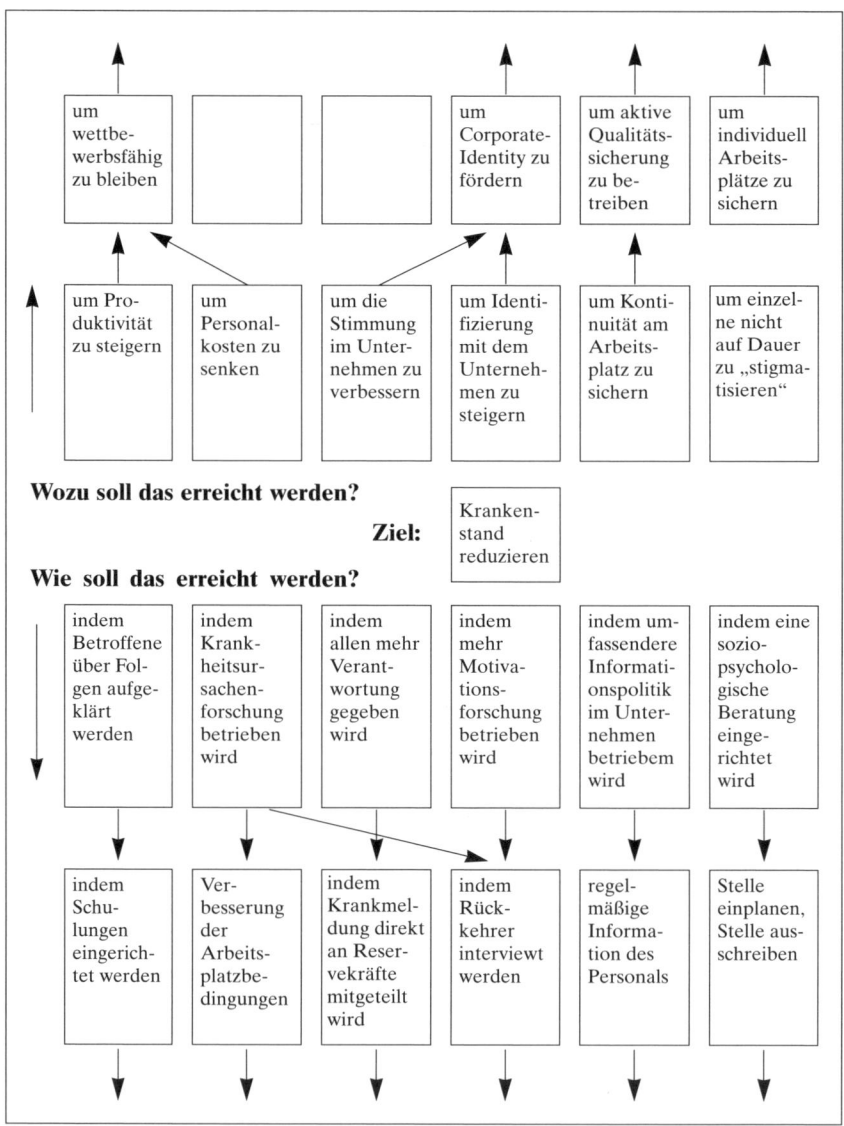

Abb. 15: **Ziele-Netzwerk**

Der Moderator kann aber auch eine andere, noch intensivere und vor allem kreativere Form wählen, indem er mehrere Gruppen an den Packpapieren arbeiten läßt. Immer eine nach der anderen. So verfeinert jede Gruppe das, was ihre Vorgänger schon geleistet haben. Immer vorausgesetzt, der Moderator arbeitet mit Teilnehmern, die alle mit diesem Problem mehr oder weniger vertraut sind.

● Moderatorenteam

In bestimmten Situationen kann es hilfreich sein, wenn der Moderator nicht allein arbeitet, sondern sich Unterstützung durch einen zweiten Moderator holt. Wir haben gute Erfahrungen mit Moderieren zu zweit gemacht, wenn eine große Gruppe moderiert werden mußte oder es sich um eine besonders schwierige Ausgangssituation handelte. Wichtig ist, sich vorher abzusprechen, wer was macht. Eine Möglichkeit der Aufteilung ist, daß ein Moderator überwiegend die Teilnehmer und den Prozeß beobachtet. Die durch seine Beobachterrolle gewonnene Distanz erleichtert es ihm, den Überblick zu behalten und Interventionsvorschläge an den Hauptmoderator weiterzuleiten.

● Mißbrauch

Wir möchten jeden Moderator davor warnen, seine Gruppe oder deren Solidarität mit ihm zu irgendwelchen Zwecken nach außen zu mißbrauchen. Die Versuchung ist manchmal groß.

Beispielsweise kann es sein, daß ein Moderator im Rahmen der ihn umgebenden Hierarchie etwas durchsetzen will, recht haben möchte, sich schlecht behandelt fühlt. Nachdem er mehrere vergebliche Anläufe genommen hat, geht er zu seiner Gruppe und versucht, diese für sich und seine Angelegenheiten einzuspannen. Indem er sie veranlaßt, irgend etwas zu tun, was ihm helfen könnte, was die Aufmerksamkeit auf seinen Fall lenkt, was seinen ihn ungerecht behandelnden Vorgesetzten unter Druck setzt – oder was auch immer.

Wir raten dringend davon ab, als Moderator die gewonnene Gruppensolidarität auf diese Weise auszunutzen. Viele Erfahrungen mit derartigen Situationen haben gezeigt, daß Moderatoren, die so handeln, im Endeffekt ihre Anerkennung „nach oben und nach unten" verspielen.

Auch im umgekehrten Fall ist Mißbrauch möglich. Die Gruppe versucht, den Modcrator auszunutzen, um ihre höchstpersönlichen Interessen durchzusetzen. Bei allem Verständnis für die Moderierten und alle

Gruppensolidarität ist hier Vorsicht angebracht. Für eine Führungskraft in ihrer Moderationsaufgabe ist dieser Bereich besonders sensibel.

Als moderierende Führungskraft Teil der Gruppe zu sein, bedeutet auch, sich und den anderen Gruppenmitgliedern klarzumachen, daß man als Führungskraft eine Verantwortung nicht nur der eigenen Gruppe oder Abteilung gegenüber hat, sondern auch den Interessen des Auftraggebers und des gesamten Unternehmens verpflichtet ist. Das Herstellen der Transparenz über die verschiedenen Rollen und die Pflichten, die damit verbunden sind, ist enorm wichtig. Je frühzeitiger das geschieht, desto leichter hat es der Moderator. Bei jeder Moderation muß deshalb auch deutlich werden, daß Moderator und Moderierte in ein Gesamtsystem eingebunden sind, in dem unterschiedliche, zum Teil sich widersprechende Interessen vereint werden müssen, um erfolgreich zu sein.

● **Erfahrungen mit Hotels**

Gelegentlich finden Sitzungen, Konferenzen oder auch Projektbesprechungen nicht in den firmeneigenen Räumen statt, sondern außerhalb, sei es weil es eine größere Veranstaltung ist oder weil die Teilnehmer in Klausur gehen. Wir haben dabei immer wieder die Erfahrung gemacht, daß man sich auf die Zusagen der Bankett-Abteilungen oder Tagungs-Manager in Hotels nicht verlassen kann. Sicherer ist es, sich rechtzeitig an Ort und Stelle von dem zu überzeugen, was vorbereitet wurde und was an Technik und sonstigen Erfordernissen da ist.

Es ist hilfreich, seine Wünsche per Zeichnung anzukündigen: Bestuhlungen, Sitzordnungen, Größenverhältnisse, Abstände – all das kann man am besten zeichnerisch darstellen und anmelden. Auf die Einhaltung verlassen kann man sich allerdings in den seltensten Fällen. Und es ist nichts unglücklicher für einen anreisenden Moderator, als wenn er merkt, die Vorbereitungen werden die dreifache Dauer der kalkulierten Zeit erfordern – nur weil seine Wünsche unbeachtet blieben.

Und noch ein paar Kleinigkeiten: Achten Sie auf die Nadeln in Pinnwänden. Sehr häufig finden sich in hoteleigenen Pinnwänden statt Pin-Nadeln (Marke Eisbär) normaler Länge Schneider-Nadeln mit buntem Kopf. Diese haben doppelte Länge und ragen deshalb auf der anderen Seite der Schaumstoffplatten heraus, was zur Folge haben kann, daß man sich beim Packpapieraufhängen oder beim Drüberstreichen zum Glätten des Papiers die Handfläche verletzt.

Viele Hotels haben ganze Stellagen mit Pinnwänden fest eingebaut. Leider sind sie dabei oft nicht gut beraten worden: Die Pinnwände sind an den Stirnwänden der Räume und damit meistens zu weit weg vom Gros der Teilnehmer. Teilnehmer können die Karten oft nicht lesen, weil die Entfernung zu groß ist. Deshalb sollte der Moderator stets Entfernungs-/Leseprobe durchführen, bevor mit der Moderation begonnen wird.

Übrigens: Nicht alle Kärtchenfarben sind brauchbar. Am weitesten lesbar ist Orange mit schwarzer Schrift. Blaue Karten können nur auf sehr kurze Distanzen verwendet werden. Auch hier empfehlen wir: ausprobieren.

● Selbstklebende Metaplankarten

Hin und wieder findet sich der Moderator in einer Situation, in der er für eine rasche Abfrage gern Metaplankarten einsetzen würde – es gibt aber weit und breit keine Pinnwand, auf der er sie anstecken könnte. Da bieten sich selbstklebende Karten an, die im Handel verfügbar sind. Sie können schadlos an Wände, Büroschränke, Flipcharts etc. angebracht werden. So kann der Vorteil des Sammelns von Meinungen über Karten auch ohne Pinnwände genutzt werden. Auch für das Visualisieren eines Zeitplans oder einer Tagesordnung sind selbstklebende Metaplankarten geeignet. Im Notfall eignen sich auch die handelsüblichen Haftzettel, die sich fast in jedem Büro finden lassen.

● **Klebepunkte**

Mit bunten Klebepunkten kann der Moderator oftmals schnell und deutlich – weil der Vorgang zugleich visualisiert wird – ein Meinungsbild, eine Priorisierung, eine Auswahl durch die Teilnehmer herstellen lassen. Er sollte nur eingangs klar vorgeben, zu welcher Fragestellung die Punkte geklebt werden sollen, beispielsweise „Welche drei der an der Pinnwand befindlichen Vorschläge werden von Ihnen – ganz individuell – bevorzugt?"

Dazu werden an jedes Mitglied der Gruppe farbige Punkte (möglichst nicht die Kartenfarbe verwenden!) verteilt. Als Faustregel gilt: drei Punkte pro Teilnehmer. Die Teilnehmer kommen nach vorne und kleben die Punkte auf die drei favorisierten Vorschläge. Doppelklebungen sind nicht erlaubt, damit keiner seinen eigenen Vorschlag „durchbringen" kann.

● **Ideenspeicher**

Auch wenn sich Moderator und Gruppe auf einen bestimmten methodisch-thematischen Ablauf geeinigt haben, kommt es häufig vor, daß Teilnehmer Beiträge oder Ideen liefern, die nicht zum gerade behandelten Thema passen. Um zu verhindern, daß solche Ideen verloren gehen, empfiehlt es sich, auf separater Pinnwand, auf ein Flipchart-Blatt, auf einer Tafel oder sonstwo im Blickfeld aller die Ideen mit einem Stichwort festzuhalten. Dadurch kann die entsprechende Idee zu einem passenden Zeitpunkt wieder aufgegriffen werden. Darüber hinaus wird durch das visualisierte Festhalten des Beitrags sichergestellt, daß der Ideenlieferant in der aktuellen Situation nicht weiter durch das krampfhafte Festhalten an seiner Idee für andere Aktivitäten blockiert wird.

Kleiner psychologischer Exkurs 6

6.1 Typisch Gruppe?

Jede Gruppe besteht aus individuellen Persönlichkeiten, die zusammen mit anderen ein soziales System bilden. Durch die Einzigartigkeit jedes Einzelnen entstehen auch Gruppen, die einzigartig sind und deren Dynamik sich verändert, wenn auch nur ein einziges Mitglied beispielsweise veränderte Verhaltensweisen zeigt. Dieser Aspekt macht Vorhersagen über Gruppenentwicklungen und gruppentypisches Verhalten schwierig, und alle Aussagen dazu sind nur als Annäherung an dieses Thema zu verstehen.

Verschiedene gruppendynamische Experimente und psychologische Forschungen befassen sich mit der Entwicklung von Gruppen. Bereits Mitte der sechziger Jahre beschrieb Tuckmann ein Vier-Phasen-Modell, das Gruppenentwicklung in vier Stufen beschreibt *(Wahren, S. 159)*:

1. Stufe: Forming

Die Mitglieder einer Gruppe lernen sich kennen und tauschen erste Vorstellungen über Zusammenarbeit aus. Aufgaben und Vorgehensweisen werden verabredet.

2. Stufe: Storming

Konflikte entstehen. Vereinbarungen werden hinterfragt und müssen geklärt werden. Machtfragen entstehen.

3. Stufe: Norming

Die gegenseitige Akzeptanz und die Akzeptanz von Normen und Regeln steigen. Durch wachsende Offenheit kann mit entstehenden Widersprüchen und Gegensätzen besser umgegangen werden.

4. Stufe: Performing

Das Verhalten untereinander ist weitgehend geklärt, und der Schwerpunkt liegt jetzt auf einer aufgabenorientierten Vorgehensweise.

Auch der Moderator steht, insbesondere wenn er über eine längere Zeit mit einer Gruppe arbeitet, nicht außen vor. Er ist Teil des sozialen Systems einer Gruppe, und gleichzeitig ist er durch seine Sonderfunktion als Moderator eigenständig und außerhalb des Systems.

Eine wachsende Gruppenidentität und ein Gruppenselbstbewußtsein begrenzen den Zugang des Moderators als vollwertiges Mitglied. Das kann sich beispielsweise in einer Auseinandersetzung der Gruppe mit der Autorität des Moderators zeigen. In den Anfangsphasen einer Gruppenentwicklung neigen Gruppenmitglieder dazu, sich am Moderator zu orientieren. In der Stufe Storming findet dann häufig auch eine Auseinandersetzung mit der Funktion und der Person des Moderators statt. Interventionen des Moderators werden infrage gestellt. Hilfreich ist es deshalb, sich immer wieder vor Augen zu führen, daß die Autorität des Moderators auf Prozeßautorität basiert und restriktives Verhalten nicht weiterführt. Interventionen sollten nur gezielt eingesetzt werden. Weniger ist manchmal mehr. Ein besonderes Risiko besteht an dieser Stelle für moderierende Führungskräfte. Auseinandersetzungen innerhalb der Gruppe oder mit dem Moderator führen in die Versuchung, hierarchische Autorität geltend zu machen, um schnell zu aufgabenorientiertem Vorgehen zurückzufinden. Doch eine Auseinandersetzung und Klärung der zwischenmenschlichen Beziehungen ist eine wichtige Voraussetzung für das Leistungsvermögen einer Gruppe. Und das braucht Zeit.

Jede neue Gruppe besteht zunächst aus mehreren einzelnen Personen. Damit aus den verschiedenen Menschen, die alle mit unterschiedlichen Erwartungen und Vorerfahrungen zusammenkommen, eine funktionierende Gruppe, ein erfolgreiches Team entsteht, ist Zeit nötig. Diese Zeit muß der Moderator berücksichtigen und einkalkulieren. Erst durch gemeinsam gemachte Erfahrungen wächst eine Gruppe zusammen und kann über sich hinaus wachsen. Erst nach einer Anlaufphase kann in einer Gruppe mehr entstehen als die Summe aller Einzelleistungen: Synergie. Dem Moderator muß klar sein, daß ein Team diese Entwicklungszeit braucht.

Diese Erkenntnis ist besonders wichtig in der Projektarbeit. Projektleiter müssen neu eingerichteten Projektteams Anlaufphasen zugestehen. Für den Aufbau von Gruppeneffizienz muß Zeit investiert werden.

Erst wenn Sicherheit im Verfahren, also in den Methoden und Techniken, erreicht ist, wenn Vertrauen in den Moderator und in die Gruppe entstanden ist, sind Teams in der Lage, ihre Ziele höher zu stecken.

Ein Moderator, der nicht nur unbewußt, sondern ganz bewußt außerhalb der Gruppe steht, hat eine Distanz zur Gruppe. In diesem Abstand liegen viele Chancen. Helicopter-View und Neutralität sind leichter zu wahren, als wenn man sich zu sehr mit der Gruppe identifiziert. Das Einhalten eines Blickwinkels von außen ermöglicht es dem Moderator, Entwicklungen der Gruppe zu erkennen und Prozessen, die nicht zum Ziel führen oder die das in einer Gruppe vorhandene Potential nicht ausschöpfen, entgegenzuwirken. Ein Beispiel für eine kritische Gruppenentwicklung ist das *group think syndrome*, wie es in der US-amerikanischen Literatur genannt wird, das zu Fehleinschätzungen der eigenen Leistungsfähigkeit und darauf basierend zu Fehlentscheidungen führt. Eine Erklärungssystematik unterscheidet verschiedene Typen:

Typ I: Überschätzungen der eigenen Gruppe, ihrer Macht und Moral.

(1)   Eine Illusion bezüglich der eigenen Unverwundbarkeit, geteilt von der Mehrzahl der Mitglieder, die exzessiven Optimismus bewirkt und die Bereitschaft zu extremen Risiken mit sich bringt.

(2)   Der nicht hinterfragte Glaube an die eigene Gruppenmoral, der die Mitglieder veranlaßt, ethische oder moralische Konsequenzen ihrer Entscheidungen außer Acht zu lassen.

Typ II: Engstirnigkeit.

(3)   Gemeinsame Bemühungen um vernunftmäßige Erklärungen zum Zwecke der Entkräftung von Warnungen oder von anderen Informationen, die die Mitglieder hätten bestimmen können, die von ihnen getroffenen Annahmen zu überprüfen, bevor sie die bereits getroffenen Entscheidungen bestätigen.

(4)   Klischeehafte Auffassungen von gegnerischen Verantwortlichen: entweder werden sie als zu übel erachtet, als daß man mit ihnen Verhandlungen aufnehmen kann, oder als zu schwach und zu beschränkt, um von ihnen erfolgreiche Gegenmaßnahmen gegen auch noch so riskante Maßnahmen zur Erreichung eigener Ziele erwarten zu können.

Typ III: Gruppendruck hinsichtlich Uniformität.

(5)   Eigen-Zensur für Abweichungen vom offensichtlichen Gruppen-Konsens; darin zeigt sich die Tendenz der einzelnen, sich selbst

gegenüber die Bedeutung seiner Zweifel und Gegenargumente herunterzuspielen.

(6) Eine gemeinsame Illusion über Einstimmigkeit betreffs Urteilen, die mit der Ansicht der Mehrheit übereinstimmen (teils als Ergebnis der genannten Eigen-Zensur für Abweichungen, verstärkt durch die unrichtige Annahme, daß Schweigen Zustimmung bedeutet).

(7) Unmittelbarer Druck auf jedes Mitglied, das starke Argumente vorbringt gegen Klischees, Illusionen oder Überzeugungen, die die Gruppe hegt, wobei deutlich gemacht wird, daß diese Art von Dissens nicht im Einklang steht mit dem, was von einem loyalen Gruppenmitglied erwartet wird.

(8) Das Auftreten von selbst-ernannten ‚Hütern des Denkens‘ – Gruppenmitglieder, die die Gruppe vor ‚feindlicher‘ (gegenteiliger) Information schützen, durch die die gemeinschaftliche allgemeine Selbstzufriedenheit über die Wirksamkeit und Moralität ihrer Entscheidungen erschüttert werden könnte. *(Janis, Seite 174 f.)*

Ein Moderator sollte beide Phänomene, das Leistungspotential wie auch die Gefahr der Überschätzung kennen, um das eine nutzen und das andere kontrollieren zu können.

6.2 Non-verbale Kommunikation

„Wir teilen uns nicht nur durch Worte, sondern auch durch Mimik und Gestik mit, die wir gezielt einsetzen können, um unsere Ausführungen zu unterstreichen. Doch während wir kommunizieren, läuft zugleich eine Vielzahl von physiologischen Prozessen ab, die sich unserer direkten Einflußnahme entziehen. Unser Körper spricht eine eigene Sprache … Auch im Alltag „testen" wir gleichsam die Glaubwürdigkeit unseres Gegenübers, indem wir das, was gesagt wird, ins Verhältnis zu dem, wie es gesagt wird, setzen. Paßt die Körpersprache zum Inhalt der Aussage? Verrät sie mehr oder etwas anderes? Anhand unserer Eindrücke entscheiden wir, ob wir Vertrauen entwickeln und uns in eine echte Kommunikation einlassen" *(Speck, Seite 63)*.

Diese Aussage hat große Bedeutung für die Moderation sowohl für die Gruppe als auch für den Moderator. Die Gruppe wird den Moderator nur als „stimmig", als authentisch, als echt empfinden, wenn bei ihm verbale und non-verbale Kommunikation weitgehend kongruent sind.

Ein Moderator, der über die Notwendigkeit der genauen Beobachtung aller Gruppenprozesse und aller Beteiligten spricht, während er aus dem Fenster schaut, statt die Teilnehmer anzusehen, der wird mit Sicherheit ein Akzeptanzproblem bekommen.

Eine Gruppe wird einen Moderator nur dann als authentisch empfinden, wenn bei ihm verbale und non-verbale Kommunikation kongruent sind.

Umgekehrt kann es für den Moderator ein wichtiges Signal bedeuten, wenn ein Teilnehmer ihn nicht anschaut, während dieser verbal seine uneingeschränkte Unterstützung der besprochenen Ziele zusagt. Oder wenn einer versichert, daß er gelöst und locker über eine Sache redet, derweil sich aber unter dem Tisch seine Beine aufs engste ineinander verschlingen und eher Angespanntheit ausdrücken.

In allen beschriebenen Situationen kann das körpersprachliche Signal eine solche Bedeutung haben, muß aber nicht. Damit sind wir bei der Problematik der Interpretation von non-verbaler Kommunikation.

Der zweite Aspekt unseres Interesses an non-verbaler Kommunikation im Rahmen von Moderation bezieht sich ausschließlich auf das erste Zusammentreffen von Moderator und Moderierten. Dabei handelt es sich hier um das bekannte Phänomen des ersten Eindrucks. Dieser ist meist wichtiger, als man denkt.

Die Vorurteilsforschung belegt diese Bedeutung, indem sie feststellt: „Es gibt keine Form positiver oder negativer mitmenschlicher Beziehungen, die nicht vom ersten Eindruck ausgeht. Überdauernde Beziehungen zu anderen Menschen sind häufig sogar durch ein Überdauern des damaligen ersten Eindrucks charakterisierbar, das heißt, man glaubt sich fest an diesen zu erinnern und verbindet damit häufig noch die Vorstellung, daß ‚mich eigentlich mein erster Eindruck noch kaum im Stich gelassen hat'. Diese subjektive Sicherheit der diagnostischen Richtigkeit des ersten Eindrucks ist, neben der Eigenständigkeit des Erlebnisses an sich, ein zusätzliches wesentliches Bestimmungsstück des Phänomens" *(Bergler, Seite 19)*.

Wie stark Eindrucksurteile des ersten Augenblicks die zwischenmenschlichen Beziehungen zu steuern vermögen, wird einem klar, wenn man entsprechende Ergebnisse empirischer Forschungen betrachtet, beispielsweise Befragungen zum Eindrucksurteil über Frauen mit

Brille und Frauen ohne Brille. Als Ergebnis kann man grob vereinfacht formulieren: Mit dem Tagen einer Brille verliert die Frau im Eindrucksurteil Vitalität und Temperament und gewinnt Intelligenz und Selbstkontrolle *(Bergler, Seite 53).*

Was wollen wir mit diesen Betrachtungen über das Eindrucksurteil vermitteln? Ganz sicher keine unnötige Verunsicherung; aber auf jeden Fall die Betonung der Notwendigkeit, sich als Moderator über ein erstes Auftreten vor einer neuen, fremden Teilnehmerschaft über Fragen des äußeren Eindrucks – auch das ist Körpersprache, ist non-verbale Kommunikation – Gedanken zu machen.

Mit Sicherheit gehört es auch zur sozialen Kompetenz, sich mit seinem Äußeren auf diejenigen einzustellen, mit denen man kommunizieren, mit denen man Beziehungen aufbauen will. Wir erinnern uns eines Falles aus der eigenen Praxis. Wir hatten eine Projekt-Präsentation vor einigen Vorstandsmitgliedern einer bekannten deutschen Versicherung beendet – erfolgreich, wie wir meinten. Wir bekamen den Auftrag jedoch nicht. Zufällig trafen wir anläßlich einer Konferenz viele Monate später den Vorstandsassistenten, der seinerzeit an unserer Präsentation mit teilgenommen hatte. Wir fragten ihn, ob unsere Präsentation nicht gut gewesen sei und warum wir den Auftrag nicht bekommen hätten. Er antwortete: „Ihre Präsentation war hervorragend. Aber wenn Sie in Cordanzügen zu Versicherungsvorständen gehen, dann müssen Sie damit rechnen, den Auftrag zu verlieren!" Wir lernen daraus, was unsere Großeltern schon wußten: „Kleider machen Leute."

Das Anpassen an die Kleiderordnung der Moderierten hat nichts mit Opportunismus zu tun, sondern ist Ausdruck von Kundenorientierung. Erfahrene Vertriebsleute und Berater nutzen solche Erkenntnisse seit langem; auch Moderatoren empfehlen wir, diesen Aspekt zu berücksichtigen.

Als dritter Blickwinkel zum Thema non-verbale Kommunikation interessiert uns für die Moderation die Frage des kulturellen Bezugs. Wer einmal auf einer Italienreise landestypische non-verbale Signale beobachtet oder eigene selbst ausprobiert hat, weiß aus Erfahrung, daß die italienische Interpretation wie auch die intendierte Bedeutung oftmals von der deutschen stark abweicht. Noch drastischer wird dies erkennbar aus einem Erlebnis, das wir vor einigen Jahren in Indien hatten. Ein auch für uns und unser Projekt wichtiger indischer Regierungsbeamter war verstorben und wurde, hinduistischen Bräuchen entsprechend, am frühen Morgen am Flußufer verbrannt. Hunderte Trauergäste hatten sich versammelt, alle gekleidet in der in Indien üblichen Trauerfarbe weiß. Dazwischen standen wir vier Deutsche: in Schwarz. Ein mehr als unangenehmes Gefühl totaler kultureller Unangepaßtheit!

Wir erkennen daraus die Gefahr, bei kulturell – oder gar international – gemischten Gruppen, in der ohnehin problematischen Deutung von non-verbaler Kommunikation fatale Fehler zu machen. Darüber muß man sich klar sein, besonders als Moderator, der beispielsweise in internationalen Unternehmen Gruppen gemischter Nationalitäten zu moderieren hat. Patentantworten dazu gibt es nicht, noch gibt es verläßliche Checklisten über kulturspezifische Interpretationen von Körpersprache. Die einzige Hilfe, die wir anbieten können, ist die Sensibilisierung bezüglich dieses potentiellen Problems und die Empfehlung, in derartigen Situationen wachsam zu sein, gut zu beobachten und mögliche Mißverständnisse dadurch zu vermeiden, daß man immer wieder gemeinsames Verständnis absichert und soviel Klärungen mit den Beteiligten durchführt wie irgend möglich.

Zusammenfassend kann gesagt werden, daß uns in der Moderation die non-verbale Kommunikation hauptsächlich unter drei Aspekten interessieren sollte:

– Sie ist als Körpersprache Bestandteil von Kommunikation,
– sie spielt eine wichtige Rolle auf dem Gebiet der Eindrucksurteile und
– sie hat eine bedeutende interkulturelle Komponente.

6.3 Umgang mit Störern

Was verstehen wir unter Störer? Jemand in der Gruppe, der den Moderator stört – oder von diesem als störend empfunden wird? Es wäre durchaus denkbar, daß eine solche Situation subjektiv empfundener Störung eintritt – und einer Abhilfe bedarf. Aber wir wollen uns hier in erster Linie denjenigen zuwenden, die die Gruppe stören, die das Arbeiten der Gruppe beeinträchtigen und damit auch vom Moderator als störend empfunden werden.

Derartige Störungen können in vielfältigen Erscheinungsformen auftreten. In der überwiegenden Mehrheit lassen sich diese den drei nachstehenden Kategorien zuordnen:

– Störungen des Inhalts,
– Störungen des Prozesses und
– Störungen des Klimas.

Der inhaltliche Störer ist derjenige, der immer wieder aus dem scheinbar bereits vereinbarten Konsens ausbricht, weil er anderer Meinung ist. Oftmals nimmt die Störung ihren Anfang in einer inhaltlichen Meinungsverschiedenheit: Ein Teilnehmer vertritt einen anderen, von der Gruppenmeinung abweichenden Standpunkt. Für den Moderator ist dies ein wichtiges Signal: Hier fordert ein Gruppenmitglied die Gruppe inhaltlich heraus. Damit liefert er eine für die Gruppe wichtige Dienstleistung: Hinterfragen, Kontrolle, möglicherweise Warnung vor dem Phänomen „group think syndrome" *(Siehe Kapitel 6.1).*

Der Moderator hat die oft schwierige Aufgabe, diesem „Abweichler" zu einem angemessenen Gehör zu verhelfen. Schwierig deshalb, weil es ihm obliegt, zu beurteilen, was angemessen ist. Im Extremfall kann es durchaus sein, daß er für externe Zusatzinformationen, externen Rat, objektive Kriterien von außerhalb der Gruppe sorgen muß, denn die ständig vorgebrachten gleichen Standpunkte bringen die Situation nicht weiter. Neue Informationen müssen eingebracht werden, um die Positionen zu verändern. Eine Unterbrechung oder Vertagung kann notwendig werden.

Störungen können in der Regel nicht durch ein Mehrheitsvotum beseitigt werden.

Bedeutsam für den Moderator in dieser festgefahrenen Situation ist es, sich darüber klar zu sein, daß die Störung in aller Regel nicht über den Weg eines Mehrheitsvotums zu beseitigen sein wird. Es liegt nahe, in einem bestimmten Stadium der Diskussion, möglicherweise sogar am Punkt einer gewissen Ermüdung, abzustimmen, um dann von dem Abweichler in guter demokratischer Tradition zu erwarten, daß er sich einem Mehrheitsvotum beugt.

Der Moderator muß wissen, daß dies in aller Regel nicht funktioniert. Warum? Weil der Abweichler unweigerlich in den Konflikt „zwischen Kopf und Bauch" gerät. Rein rational wird er sich bemühen, das Votum zu akzeptieren – und wird das auch deutlich machen. Vermutlich meint er das auch ehrlich und erwartet von sich selbst, daß er mit dieser Entscheidung „zu leben" vermag. Erst nach geraumer Zeit, wenn alle anderen in der Gruppe diesen Vorfall längst hinter sich gelassen haben und gemeinsam weiterarbeiten, merkt der Abweichler, daß er gefühlsmäßig noch immer ein Abweichler ist. Er erlebt, daß die anderen an etwas weiterarbeiten, was für ihn keinen rechten Sinn macht. Wegen dieser Unstimmigkeit unterbricht er, und so wird der Abweichler zum Störer.

Moderator und Gruppe müssen sich über den Automatismus derartiger Abläufe bei inhaltlichen Divergenzen im klaren sein. Keinesfalls dürfen sie sich der oberflächlichen Überzeugung hingeben, die Störung durch eine Abstimmung aus der Welt geschafft zu haben. Ob die Störung durch eine Abstimmung beseitigt wurde, hängt von verschiedenen Faktoren ab. Ein wichtiger Aspekt ist, wie stark die Meinung des Abweichlers im Widerspruch zum Abstimmungsergebnis steht *(Siehe dazu auch Abb. 9 auf Seite 80)*.

Die Frage bleibt: Wie soll denn in einer derartigen Situation mit dem Störer umgegangen werden? Es gibt keine Patentantworten. Sicher ist jedoch, daß eine Fortsetzung der inhaltlichen Auseinandersetzung – auch unter Zeitdruck – oftmals besser ist, weil sie doch noch zu einem akzeptablen Kompromiß führt, als zu riskieren, daß ein Gruppenmitglied mittel- oder sogar langfristig in die innere Emigration geht oder schlimmstenfalls sich durch fortgesetzte Störung völlig entfremdet und letztendlich aus der Gruppe ausscheidet. In anderen Situationen bietet sich die Möglichkeit, den Dissens vom Konsens auszuklammern, deutlich festzuhalten und später darauf zurückzukommen.

Eine andere Form der Störung erleben Moderator und Gruppe aus dem Prozeß heraus. Wir haben schon *(Siehe Kapitel 4.1)* herausgearbeitet, daß unterschiedliche Menschen aufgrund ihrer Stärken, ihrer unterschiedlichen Herangehensweise an Aufträge, ganz unterschiedlich reagieren: mit Hinterfragen (warum?), mit Skepsis (wozu?, wieso?), mit dem Wunsch nach mehr Information (wie weit? wieso wir?), mit einer Fülle von spontanen Einfällen (unbezähmbare Kreativität), mit Aktionsimus (los, machen wir ...). Um diese Stärken zu koordinieren, zu kombinieren und zu Synergie zu führen, ist die Prozeßkompetenz des Moderators gefordert.

Der Moderator muß im Rahmen von Spielregel-Vereinbarungen die Gruppe zum Konsens über ihre Vorgehensweise führen. Und dieser Konsens muß ein „echter" Konsens sein. Ist die Vorgehensweise nicht im Konsens verabschiedet, kann es beispielsweise passieren, daß ein Teilnehmer nicht einsieht, warum die Gruppe zuerst an einer Zielvereinbarung arbeitet, während er doch von kreativen Informationen nur so übersprudelt und diese gern sofort berücksichtigt sehen möchte. So entstehen dann Störungen, entwickeln sich Teilnehmer zu Störern.

Oftmals geht es Gruppenmitgliedern darum, spontan „etwas loszuwerden". Gelingt es ihnen nicht, ihre spontane Idee in den Prozeß einzubringen, sind sie für alle anderen Gedanken, Vorstellungen, Beiträge blockiert – und bleiben stumm, nehmen am weiteren Prozeß nicht teil, warten nur auf eine neue Gelegenheit, ihren Beitrag „loszuwerden". Und auch hiermit wird dieser Teilnehmer zum Störer, denn die Gruppe merkt – zumindest im Unterbewußtsein –, daß hier einer nicht mitarbeitet. Hier muß der Moderator zuerst einmal erkennen, was vorliegt, um dann diesen Störer zu de-blockieren, von seiner Idee zu „entlasten", beispielsweise indem er ein Stichwort auf eine Karte oder an die Tafel schreibt, um sichtbar zu dokumentieren: „wir kommen gleich darauf zurück!" *(Siehe auch: Ideenspeicher, S. 122.)*

In den Bereich von Prozeßkompetenz gehört es, daß der Moderator derartige Situationen möglichst frühzeitig erfaßt. Je eher er sie entschärft, desto weniger bleibt von der Störung übrig, desto weniger nimmt die Gruppe sie wahr.

Einen ähnlichen Spürsinn muß der Moderator für klimatische Störungen entwickeln. Seine wache Beobachtung des Gruppenprozesses muß ihm Störungen im zwischenmenschlichen Klima zu einem Zeitpunkt signalisieren, wo diese zu entstehen beginnen, wo die Beteiligten sich noch nicht einmal darüber klargeworden sind, daß eine Störung vorliegt. Ein typisches Beispiel ist das wiederholte „Untergehen von Beiträgen". Ein – meist zurückhaltender – Teilnehmer fühlt sich beim Vorbringen seines Beitrags durch einen aktiveren, vielleicht sogar dominanten Teilnehmer „untergebuttert" und „überfahren" mit dem Ergebnis: Sein Beitrag geht verloren. Wiederholt sich dieses Geschehen mehrmals, entsteht eine bilaterale Spannung, die sich später durch unwirsches Verhalten, Zurückziehen u. ä. bei dem Betroffenen bemerkbar macht – und zur Störung wird.

Der Moderator muß das im Vorfeld erkennen und sich bemühen, dem Zurückhaltenden Geltung zu verschaffen. Sinnvoll kann es auch sein – am besten im Rahmen der Rückblende –, der Gruppe gegenüber deutlich zu machen, daß manche Teilnehmer mit nur einem einzigen Beitrag in einer ganzen Arbeitssitzung mehr für das erfolgreiche Endergebnis geleistet haben, als andere, die beispielsweise 80 % der Diskussionszeit für sich beansprucht haben. Wichtig ist, das Beteiligungsgleichgewicht zu beobachten, soweit wie möglich zu wahren und sich abzeichnende Ungleichgewichte anzusprechen, abzufangen, zu regeln, bevor daraus persönliche Spannungen oder gar Konflikte entstehen können.

Grundsätzlich gilt: Störungen haben Vorrang und müssen beachtet und ausgeräumt werden, damit Konflikte möglichst vermieden werden.

Wie wir eingangs erwähnten, können Störungen auch entstehen, indem der Moderator von einzelnen Gruppenmitgliedern verbal angegriffen wird. Eine Möglichkeit zu reagieren ist das Anwenden der Methode BAMBUS, ein Instrument, das Coverdale für Verhandlungen entwickelt hat. BAMBUS ist die „Eselsbrücke"; die Bambushalme geben im Sturm nach und richten sich danach wieder auf. Die Buchstaben des Wortes BAMBUS dienen dazu, sich hilfreicher Gesprächstechniken in emotional geladenen Situationen zu erinnern.

1.	B	Bestätigung geben
2.	A	Aufmerksamkeit und Anerkennung signalisieren
3.	M	Möglichkeiten von Mängeln einräumen
4.	B	Bereitschaft zum Diskutieren zeigen
	U	Umfunktionieren zur
	S	Sachlichkeit

Wie können die BAMBUS-Regeln dem Moderator helfen? Nun, es muß stets im Interesse des Moderators liegen, einen Angriff nicht durch eigene falsche Reaktion zu noch weiterführenden Angriffen zu steigern. Durch BAMBUS wird der Angriff zur Sachgerechtigkeit umfunktioniert. Dies geht im einzelnen wie folgt:

1. Sowie der Moderator den Angriff erkannt hat, sollte er ihn zunächst einmal bejahen, indem er ihn positiv bestätigt: „Ich finde es gut, daß Sie das so offen ansprechen ..."

2. Als nächstes signalisiert der Moderator Aufmerksamkeit und Anerkennung dafür, daß ein wichtiges, interessantes Thema angesprochen wurde: „Es kann für alle Beteiligten keine Frage darüber geben, daß das, was Sie angesprochen haben, unsere Aufmerksamkeit verdient ..."

3. Danach kann der Moderator ruhig Mängel zugeben und Kritik akzeptieren: „Sicher ist es bisher nicht ganz einfach gelaufen ..."

4. Im letzten Schritt sollte der Moderator Bereitschaft zeigen, die Angelegenheit offen zu diskutieren: „Würden Sie mir bitte das Problem noch einmal genau erklären ..."

Setzt der Moderator die aufgezeigten BAMBUS-Regeln einem Angriff entgegen, statt emotional zu reagieren, wird es gelingen, Störungen, die durch Angriffe auf seine Person entstanden sind, auf natürliche Weise zu der notwendigen Sachlichkeit, die ein Weiterführen der Moderation ermöglicht, umzufunktionieren.

6.4 Konflikte – was tun?

Konflikte sind mehr als nur Störungen. Sie entstehen meistens dann, wenn Menschen das Gefühl haben, etwas gefährdet zu sehen oder gar zu verlieren, was ihnen lieb und wert ist. Abgesehen von materiellem Besitz legen viele Menschen großen Wert auf ihre Ideale, die ihnen gewohnten Maßstäbe, auf Hoffnungen und Erwartungen, auf ihren guten Ruf, ihren Status und ihre Selbstachtung. Jede geäußerte Bedrohung dieser Werte – gleichgültig, ob sie nur eingebildet ist oder aber tatsächlich erfolgt – schafft Ängste und wird leicht zum Konfliktpotential für Einzelne und Gruppen.

Erfahrungen mit Kindern, die sich um Spielzeug streiten, mit Gruppen, die um ihre (oft vermeintlichen) Rechte kämpfen, mit Völkern, die für ihre Ideale Kriege riskieren – sie führen dazu, daß man im allgemeinen Konflikt als ein natürliches Erscheinungsbild der Gesellschaft akzeptiert. Äußern zwei Menschen unterschiedliche Ziele, so wird meist sofort gefragt: Welches von beiden sollen wir wählen? Damit ist bereits festgelegt, daß die Idee des einen gewinnt, während der andere verliert. Gewinnen oder verlieren – das ist die Ausgangslage jedes Konfliktes.

Gefühle haben an Konflikten einen bedeutenden Anteil. Auseinandersetzungen, die mit verschiedenen gegensätzlichen Meinungen ihren Anfang nehmen, entwickeln sich oft lawinenartig. Beide Parteien beziehen immer extremere Positionen, je intensiver die Emotionen inzwischen geworden sind. Jeder ist nur darauf konzentriert, den Konfliktgegner zu besiegen, ohne viel Rücksicht darauf, was oder wieviel dadurch gewonnen – oder sogar verloren – werden mag.

Dabei wäre es hilfreicher, nicht allein die Lösung des Konfliktes anzugehen, sondern von Anfang an die Aufmerksamkeit mehr auf die Aufrechterhaltung einer für beide Seiten nützlichen Zusammenarbeit zu richten. Das erfordert ein kontinuierliches Bemühen, die Schwierigkeiten zu erkennen und zu bewältigen. Ähnlich wie in der Medizin gilt auch hier: Präventive Maßnahmen sind besser als kurative.

Prozeßstärken, gemeinsam verabredete Spielregeln und ein positives Klima vermindern in der Regel das Auftreten von Konflikten. Sie sind auch dann noch hilfreich, wenn trotz aller Bemühungen einmal ein Konflikt auftritt. Verständnis und Respekt gegenüber anderen sind dabei Grundvoraussetzungen, um einen Konflikt konstruktiv lösen zu können. Konstruktiv bedeutet, die Opposition nicht auszuschließen oder zu unterwerfen, sondern einen Kompromiß oder mehr noch eine Integration scheinbar widersprüchlicher Standpunkte zu neuen Lösungen zu erreichen.

Alle in diesem Buch bisher behandelten Strategien der Moderation sind eindeutig darauf angelegt, Konflikte bereits im Vorfeld zu vermeiden. Wir halten dies deshalb für die sinnvollste Vorgehensweise, weil wir aus Erfahrung wissen, wie schwer es ist, mit massiven Konflikten erfolgreich umzugehen. Davon wissen selbst erfahrene Therapeuten leidvoll zu berichten. Deshalb sind wir auch nicht der Meinung, daß man leichtfertig Konflikte provozieren sollte, in der Erwartung, damit neue, kreative Situationen zu schaffen.

Wesentlich einfacher ist es, sorgsam darauf zu achten, Konflikten vorzubeugen, als entstandene Konflikte zu lösen.

An ernsthaften Konfliktsituationen ist schon mancher gute Moderator gescheitert.

Dennoch möchten wir dem Moderator hier einige Empfehlungen mitgeben, was zu tun ist, wenn der Konfliktfall auftritt.

Vor allem: Den Konflikt und die beteiligten Personen ernst nehmen. Denken Sie daran, daß für die Beteiligten der Konflikt in der Regel eine „Bauch-Sache" ist, die nicht „über den Kopf" geregelt werden kann. Das bedeutet, daß ein verstärktes Betonen des Inhaltlichen, also eine Versachlichung, nicht hilft. Die BAMBUS-Regeln aus dem vorigen Kapitel gelten für eine erste Störung, nicht für den Umgang mit Konflikten.

Bei Konflikten wirkt Versachlichung eher emotionsfördernd, konfliktverschärfend, weil die Beteiligten sich nicht gehört, nicht verstanden fühlen. Sie wollen nicht über die Sache kommunizieren, sondern über den Konflikt, über ihre Gefühle, ihre Ängste, ihre Wut, ihren Frust. Deshalb gelten für den Moderator die beiden Grundregeln:

– Konflikte haben Vorrang. Sie entstehen oft aus Störungen, darum gilt im Vorfeld: Störungen haben Vorrang, um Konflikte zu vermeiden.

– Bei Konflikten die Sachebene verlassen und auf die Beziehungsebene gehen.

Was bedeutet das im einzelnen für den Moderator? Er muß die Gruppe veranlassen, inhaltlich nicht weiterzumachen, sondern zu unterbrechen, um den Konflikt aufzuarbeiten. Hier hat der Moderator mehrere Möglichkeiten zu reagieren. Zunächst kann es hilfreich sein, den Prozeß zu unterbrechen z. B. durch eine Pause oder eine Vertagung. Wozu? Um eine weitere Verfestigung oder gar Eskalierung zu verhindern. Um auch als Moderator Zeit zu gewinnen, das Geschehene zu reflektieren. Um das weitere Vorgehen planen zu können.

Ein weiterführendes Vorgehen ist, mit der Gruppe oder den unmittelbar Betroffenen (Konfliktparteien) eine Zwischenrückblende zu machen. Sinnvollerweise sollte der Moderator diese zwischengeschaltete Prozeßrückblende selbst moderieren und charten, weil es dabei sehr darauf ankommt, allen möglichst ausgiebig Gelegenheit zu geben, ihre Erlebnisse, Anmerkungen, Beobachtungen, Kritiken zu äußern und diese möglichst unverändert, also wörtlich mitzuschreiben. Durch entsprechendes Hinterfragen muß der Moderator sich bemühen, auch die Emotionen der Beteiligten herauszufinden, um sie dann mit der Gruppe diskutieren zu können.

Als besonders wirkungsvoll hat sich in solchen Situationen erwiesen, die Konfliktbeteiligten zu bitten, die Aussagen des jeweils anderen mit eigenen Worte zusammenfassen und so lange fortzusetzen, bis beide sich vom anderen verstanden fühlen und dies auch ausdrücklich bestätigen. Wozu dieses Verfahren? Um ein erstes gegenseitiges Verständnis – nicht die inhaltliche Akzeptanz des gegnerischen Standpunktes (!) – zu erreichen und damit einen deutlichen Schritt in Richtung auf Empathie zu tun („sich in die Schuhe des anderen zu versetzen …“).

Im Anschluß an die Rückblende empfiehlt sich eine weitere Pause. Danach kann mit der Gruppe gemeinsam ein Prozeßplan erarbeitet werden, um zukünftige Konflikte zu vermeiden. Der Moderator könnte eine solche Initiative mit einem Brainstorming zur Frage: „Was sind hilfreiche Maßnahmen in Form von konkreten Handlungsanweisungen für diese Gruppe, um in Zukunft Konflikte zu vermeiden?“ einleiten.

Ein Ergebnis könnte wie folgt aussehen:
– Hören Sie sorgfältig zu, lassen Sie andere ausreden.

   Versuchen Sie zu verstehen, was das Anliegen ist. Klären Sie, damit Sie Verständnis erlangen.

– Versuchen Sie, die Ideen und Vorschläge anderer zu unterstützen, sie einzubauen in Ihr eigenes Denken und Sagen. „Ja und …“ hilft weiter, „Ja, aber …“ ist eine Killerphrase.

   Bemühen Sie sich, die Vorschläge anderer in die Tat umzusetzen. Helfen Sie Ideen weiterzuentwickeln.

- Beachten Sie die Ziele anderer in dem Bewußtsein, daß diese an ihren Zielen hängen. Nehmen Sie die Ziele ernst.

  Versuchen Sie selbst nach Zielen Ausschau zu halten, die mit denen anderer gemeinsam akzeptiert und verfolgt werden können. Bestehen Sie nicht auf solchen Zielen, für die kein Konsens mit anderen erreicht werden kann.

- Tolerieren Sie, daß andere Menschen anders sind, anders denken, anders urteilen, anders handeln. Anders sein heißt nicht schlechter sein.

  Haben Kollegen oder Teammitglieder andere Stärken, dann helfen Sie ihnen, diese zum Nutzen der Abteilung, der Gruppe einzusetzen.

- Entdecken Sie ihre eigenen Stärken, entwickeln Sie sie weiter und seien Sie sich ihrer bewußt.

  Finden Sie heraus, wie Stärken auf andere wirken: Gegensätzliche Stärken, wie der Hinterfrager und der Aktivist, können die Betroffenen irritieren. Gleichartige Stärken können Konkurrenzgefühle auslösen.

- Kommunizieren Sie klar, deutlich, einfach, knapp und ohne Übertreibungen. Unterscheiden Sie deutlich zwischen Tatsachen (Gesehenem, Gehörtem) und Meinungen (Bewertungen, Interpretationen). Dies ist besonders wichtig, wenn Sie anderen Rückmeldungen (Feedback) geben.

  Gehen Sie vorsichtig um mit absoluten Wertungen („Das ist falsch!"). Sagen Sie statt dessen: „Das war hemmend." Und machen Sie deutlich, daß dies eine situative Einschätzung darstellt. Benutzen Sie sogenannte Ich-Botschaften („Ich habe das so empfunden.").

  Denken Sie beim Sprechen an das Sprichwort: „Der Ton macht die Musik." Das gilt übrigens auch für das Schreiben, auch dabei ist der Ton, wenn auch nicht akustisch, so doch wahrnehmbar.

Bei allen präventiven Maßnahmen im Vorfeld von Konflikten bleibt jedoch klar: Konflikte werden sich nicht immer vermeiden lassen. Bei konstruktivem Umgang mit Konflikten haben diese durchaus auch einen positiven Effekt. Konfliktfähigkeit gehört deshalb zu den Voraussetzungen für einen Moderator. Häufig neigen wir aus Angst vor Konflikten dazu, diese zu vertuschen in der Hoffnung, sie lösen sich von selbst. Leider ist das meistens nicht der Fall. Das frühzeitige Bearbeiten von Konflikten ist der leichtere Weg, bevor die emotionalen Verstrickungen zu den schon oben erwähnten lawinenartigen Entwicklungen führen. Lange bestehende Konflikte sind, wenn überhaupt, nur unter großem Zeitaufwand zu klären. Und auch nur dann, wenn bei allen Beteiligten ein wirkliches Interesse daran besteht, wenn „Gewinnen wollen" nicht mehr oberste Maxime ist, sondern eine Konfliktbewältigung ohne Verlierer angestrebt wird.

6.5 Hierarchische Autorität versus Prozeßautorität

Arbeiten Menschen zusammen, setzen sie ihre Fertigkeiten in zweierlei Weise ein:

- Durch die Aufgabenstellung wird ihr Fachwissen, wird ihr technisches, kaufmännisches oder sonstiges berufliches Können, ihre Spezialisierung gefordert. Dieses Können ist in der Regel das Ergebnis einer Berufsausbildung, beispielsweise als Ingenieur, Buchhalter, Betriebswirt usw.
- Darüber hinaus setzen sie Fähigkeiten dafür ein, die Zusammenarbeit mit anderen an dieser Aufgabenstellung beteiligten Personen effektiv werden zu lassen. Dabei benutzen sie Stärken, wie zuhören, eigene Ideen und Vorschläge präzise formulieren und zum rechten Zeitpunkt einbringen, Ideen anderer unterstützen, zusammenfassen, Ziele hinterfragen, Konflikte bereinigen usw.

Im ersten Bereich befassen Menschen sich direkt mit der Aufgabe, mit dem fachlichen Problem, im zweiten Bereich haben sie es mit anderen Menschen zu tun und mit der Art, wie diese zusammenarbeiten, also mit dem Vorgehen, dem Prozeß im Bereich menschlicher Interaktion. Wir unterscheiden deshalb Aufgaben- oder Fachkompetenz von Prozeßkompetenz.

Die einzelnen charakteristischen Unterscheidungsmerkmale werden in der *Übersicht 16* deutlich.

Keinen Zweifel kann es daran geben, daß zur Optimierung von Ergebnissen im Bereich der Zusammenarbeit beide Kompetenzen erforderlich sind. Wir möchten das noch einmal ganz deutlich machen an folgenden Ausspruch:

„Er ist ein ausgezeichneter Ingenieur ... aber er hört nie zu!"

Übersicht 16: **Unterschiede zwischen Aufgaben-/Fachkompetenz und Prozeßkompetenz**

Aufgaben-/Fachkompetenz	**Prozeßkompetenz**
wird gekennzeichnet durch:	wird gekennzeichnet durch:
– fachliche Fähigkeiten/Fertigkeiten (Fachautorität).	– prozeßbezogene Fähigkeiten/Fertigkeiten (Prozeß-Autorität),
	– eigenes situatives (aktives) Eingreifen.
ist:	ist:
– hierarchisch eingebunden,	– hierarchisch übergreifend,
– ungleich,	– gleich,
– gegeben, verliehen,	– immer wieder neu gewonnen,
– begrenzt (durch die Hierarchie).	– begrenzt (durch sich selbst und durch andere Beteiligte).

Ein Ergebnis entsteht erst, wenn Aufgaben- oder Fachkompetenz und Prozeßkompetenz miteinander kombiniert werden. Niemand arbeitet allein. Auch ohne enge Zusammenarbeit in einer Gruppe oder einem Team ist jeder auf irgendeine Weise mit anderen Menschen in einen Zusammenarbeitsprozeß eingebunden und muß mit anderen kommunizieren. Der versierteste Experte ist für ein Unternehmen nutzlos, wenn er sein Wissen nicht verständlich machen kann, wenn er Wünsche externer oder interner Kunden nicht begreift, weil er nicht zuhören kann.

In der Regel begründet sich die hierarchische Autorität in Unternehmen auf Fachwissen. Fachliche Qualifikationen bestimmen überwiegend hierarchische Machtbefugnisse. Die hierarchische Autorität konzentriert sich auf wenige Menschen und wird üblicherweise verliehen.

Prozeßautorität entsteht durch Prozeßkompetenz. Sie ist ausschließlich personenbezogen und kann nicht delegiert werden, aber sie ist dafür sehr viel gleichmäßiger über alle Ebenen eines Unternehmens verteilt. Der Portier beispielsweise hat sicherlich keinerlei hierarchische Autorität, aber er kann durchaus die nötige Prozeßautorität besitzen, um ein Gespräch mit dem Vorstandsvorsitzenden zu beginnen und damit dessen Denken zu beeinflussen.

Es wird berichtet, daß der römische Kaiser Trajan gerade aus der Stadt ritt, um einen Feldzug anzuführen, als eine alte Frau ihm ein persönliches Anliegen zurief. Er aber hatte keine Zeit, sich darum zu kümmern. Da rief sie ihm zu: „Wenn Du nicht einmal Zeit hast zuzuhören, dann kannst Du kein Kaiser sein!" Er hörte diese Worte trotz des allgemeinen Lärms und die Autorität, die darin steckte, brachte ihn dazu, umzukehren und die Frau anzuhören.

Wenn es also möglich ist, Prozeßautorität sogar per Zuruf über eine gewisse Distanz geltend zu machen, wie viel stärker kann Prozeßautorität dann sein, wenn sie im direkten Umfeld, beispielsweise gegenüber dem direkten Vorgesetzten eingesetzt wird. Dessen hierarchische Autorität ist möglicherweise beträchtlich, und dennoch hat jeder Mitarbeiter genau so gut die Möglichkeit, ihn mit Argumenten oder Gefühlen zu beeinflussen, wie umgekehrt. Und – noch wichtiger – jeder einzelne Mitarbeiter hat genausoviel Verantwortung für die funktionierende Zusammenarbeit zwischen ihm und dem Vorgesetzten wie der Vorgesetzte selber.

Die oft gehörte Entschuldigung „Ich konnte dies oder das nicht tun, weil mein Chef es nicht wollte!" bedeutet nur, daß der oder die Mitarbeiter keine Prozeßkompetenz eingesetzt haben, es an Prozeßautorität haben fehlen lassen.

In der Arbeit mit Gruppen können die verschiedenen Autoritäten in unterschiedlicher Weise eine Rolle spielen. Manchmal überwiegt die hierarchische Autorität, besonders dann, wenn die Moderation bei der hierarchisch verantwortlichen Führungskraft oder bei dem Fachexperten liegt oder wenn in der Unternehmenskultur die allgemeine Disziplin sehr streng ist. Es gibt andererseits durchaus Fälle, wo der Moderator Prozeßautorität massiv ausübt, weil in einer Gruppe bezüglich der hierarchischen Autorität ein totales Vakuum herrscht und auch keinerlei Prozeßautorität unter den Teilnehmern zu finden ist. Studentische Gruppen können ein derartiges Szenario liefern *(Taylor, Seite 88 f.)*

Wie wir bereits in der Einführung zu diesem Buch gesagt haben, bewirken die gesellschaftlichen, technologischen und unternehmerischen Veränderungen, denen wir uns seit geraumer Zeit ausgesetzt sehen und die an Tempo zuzunehmen scheinen, auch Umwälzungen im Bereich der hierarchischen und der Prozeßautorität. Wir sollten besser sagen: Gewichtsverschiebungen.

Keineswegs ist es so, daß hierarchische Autorität verschwindet. Soll sie auch nicht. Was wir beobachten und als erfolgreich befürworten, ist das allgemeine Anwachsen der Bedeutung zusätzlicher Autorität, nämlich der Prozeßautorität. Führungskräfte brauchen heute neben der hierarchischen Autorität eine gute Portion Prozeßautorität. Diese Prozeßautorität entsteht durch Prozeßkompetenz und muß immer wieder aufs neue unter Beweis gestellt werden. Die Führungskraft hat dadurch auch die Verantwortung in beiden Bereichen. Sie ist verantwortlich für das Fachliche und für den Prozeß.

Führungskräfte brauchen heute neben der hierarchischen Autorität eine hohe Prozeßautorität.

Die *Abb. 17* zeigt, wie die Verantwortungen verteilt sind:

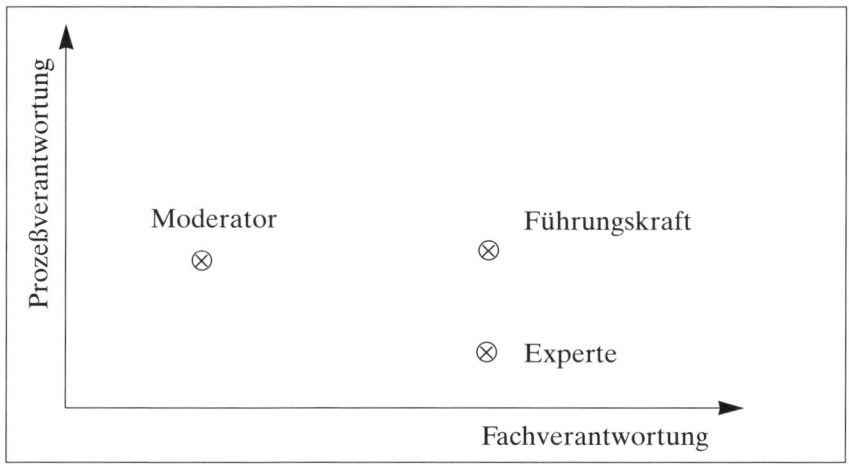

Abb. 17: **Verantwortungen der Führungskraft**

Wie aus der *Abb. 16* ersichtlich, reicht Aufgaben-/Fachkompetenz bei Führungskräften nicht aus, sondern Prozeßkompetenz muß in einem hohen Maße dazukommen, um der Verantwortung für einen erfolgreichen Prozeß gerecht zu werden. Prozeßverantwortung heißt nicht unbedingt, den Prozeß selbst zu managen, sondern kann auch heißen, die Verantwortung zeitweise zu delegieren, sich Unterstützung in bestimmten Situationen durch einen externen Moderator zu holen oder die Moderation einer Besprechung, einer Projektteamsitzung auch an einen Mitarbeiter zu übergeben *(siehe dazu auch Kapitel 2.2)*.

Nur hierarchische und Prozeßautorität zusammen – richtig, das heißt einander gegenseitig ergänzend und optimierend eingesetzt – werden helfen, die Probleme unserer Zeit zu lösen.

Wie lernen wir moderieren?

Die Autoren sind eingeschworene Anhänger von jeder Form des Erfahrungslernens. Mit dem Lesen eines Buches allein ist es also nicht getan. Wir empfehlen deshalb, die in diesem Buch vorgestellten Strategien und Erfahrungen zu lesen – und dann das auszuprobieren, was sich für Sie in Ihrer eigenen, ganz speziellen Situation als brauchbar, sinnvoll, lohnend anzubieten scheint.

Wer Gelegenheit hat, zunächst unter Bedingungen geringen Risikos für sich selbst wie auch für seine

Moderieren lernen wir durch Üben!

Firma/Auftraggeber zu moderieren, der hat sicher gute Chancen, nach und nach ein guter Moderator zu werden. Er kann Schritt für Schritt ausprobieren und dabei dieses und noch einige andere Bücher, auf die in den *Literaturempfehlungen, Seite 150* hingewiesen werden, zu Rate ziehen.

Je mehr ein Moderator dabei unserer Empfehlung folgt, in den jeweiligen Rückblenden seine Teilnehmer um detailliertes, spezifisches Feedback zur Art und Weise seiner Moderation zu bitten und dieses entsprechend auswertet, um so weniger wird er sich Falsches angewöhnen. Falsche Angewohnheiten können erfahrungsgemäß hinterher nur mit größerem Aufwand wieder abgewöhnt werden.

Zusätzlich zu diesem Verfahren empfehlen wir, den Weg des kontrollierten Erfahrungslernens zu beschreiten. Gefällt Ihnen die Vorgehensweise dieses Buches, dann können Sie auch an einem unserer Coverdale-Moderatorentrainings teilnehmen oder z. B. ein solches, speziell auf die Bedürfnisse Ihres Unternehmens zugeschnitten, bestellen.

Wie wir bereits auf *Seite 92* deutlich gemacht haben, lernen und verankern wir am meisten durch unser eigenes Tun. 90 Prozent von dem, was wir selber tun, wird verankert. Wir folgen deshalb in unseren Trainings der in *Abb. 18* vorgestellten Methodik des Erfahrungslernens.

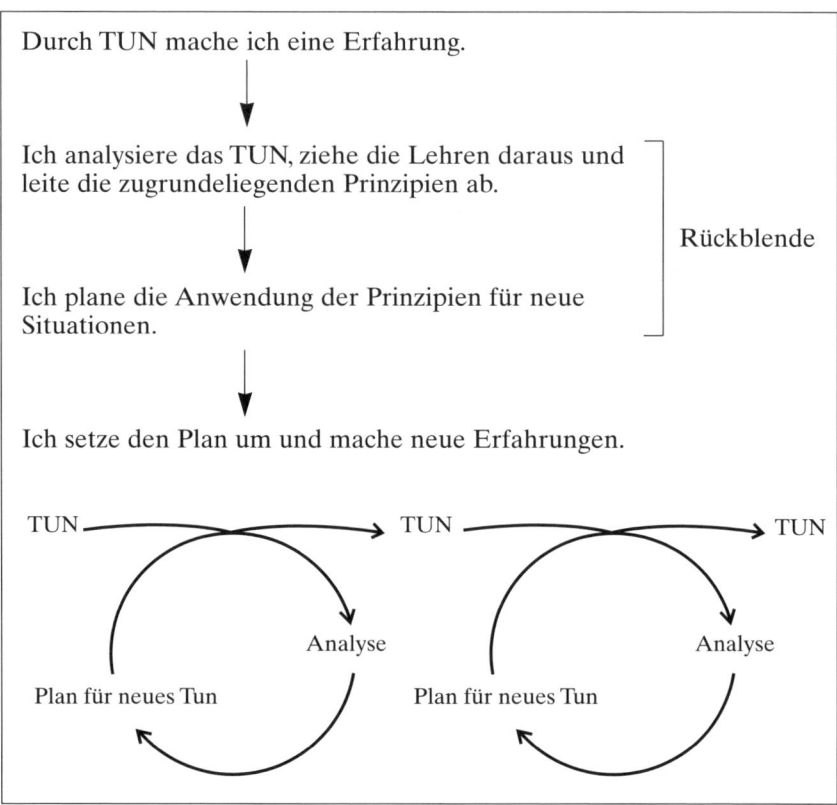

Abb. 18: **Methodik des Erfahrungslernens**

Durch das Wiederholen der drei Schritte Tun, Analyse, Plan für das nächste Tun entsteht ein kontinuierlicher Verbesserungsprozeß für den Bereich der Zusammenarbeit, der dazu beiträgt, daß Gruppen Synergie in immer höherem Maße erreichen.

Bei der Auswahl an Moderatorentrainings sollten Sie darauf achten, daß Sie sich ein Training aussuchen, in dem etwa 80 Prozent der veranschlagten Zeit mit Üben und Rückblenden verbracht wird. Sinn und Zweck eines Trainings für den, der sich schon durch dieses Buch – und vielleicht auch andere – hindurchgearbeitet und damit rein kognitiv ausreichend Information aufgenommen hat, ist es, die Vorerfahrungen und die aufgenommene Information in ein trainerbegleitetes praktisches Üben einzubringen, wo im nachhinein gemeinsam „Manöverkritik" geübt wird.

Und noch eine Empfehlung möchten wir Ihnen geben. Nehmen Sie selbst hin und wieder an Besprechungen, Sitzungen, Konferenzen, Teamzirkeln, Projekten teil, dann fangen Sie doch schon einmal vorsichtig an, die von uns in diesem Buch vorgestellten Prozeßkompetenzen und Strategien in der Rolle des Teilnehmers auszuprobieren. Nehmen Sie sich ganz bewußt vor, zu einem bestimmten Zeitpunkt etwas ganz Bestimmtes zu versuchen und testen Sie, wie das für Sie und für die anderen verläuft. Analysieren Sie die dabei gemachten Erfolge, versuchen Sie diese an anderer Stelle zu wiederholen, vielleicht sogar noch zu verbessern. Analysieren Sie das, was vielleicht nicht ganz so gut gelaufen ist und finden Sie heraus, warum nicht. Ändern Sie Ihre Vorgehensweise entsprechend.

Bauen Sie Ihre Erfolge allmählich aus. Sie werden feststellen, daß sich Ihre Erfolge wiederholen und Ihnen Motivation bringen. So entwickeln Sie – als Teilnehmer – Schritt für Schritt Prozeßkompetenz, die Ihnen später bei der eigenen Moderation sehr zugute kommt.

COVERDALE Beratungsunternehmen im deutschsprachigen Raum

Coverdale Team Management Deutschland GmbH
Boosstr. 3
D 81541 München
Tel.: (0 89) 6 51 40 07
Fax: (0 89) 66 86 85

Coverdale Managementberatungs- und Trainings Ges.m.b.H.
Gonzagagasse 11/17
A 1010 Wien
Tel.: (01) 5 33 44 27
Fax: (01) 5 35 45 78 15

Coverdale GmbH
St. Oswaldsgasse 14
CH 6300 Zug
Tel.: (041) 79 00 70
Fax: (041) 7 29 00 77

Literaturverzeichnis

Bataillard, Victo: Die Pinnwand-Technik. Ein Leitfaden für den Einsatz in der Unternehmens-Praxis. Zürich o.J.

Bergler, Reinhold: Vorurteile – erkennen, verstehen, korrigieren. Köln 1976.

Bischof, Klaus: Jeder gewinnt. Die Methoden erfolgreicher Gesprächsführung. Planegg/München 1997.

Blanchard, Kenneth/Johnson, Spencer: Der Minuten-Manager, Hamburg 1984.

Blickhan, Daniela u. Claus: Denken, Fühlen, Leben. Vom bewußten Wahrnehmen zum kreativen Handeln. München/Landsberg am Lech 1989.

Brown, J.A.: Psychologie der industriellen Leistung.

Cappon, Danie: Omni 1994.

Coleman, Daniel: EQ, Emotionale Intelligenz. München/Wien 1996.

Coverdale, Ralph: Risk Thinking. London 1977.

De Bono, Edward: Laterales Denken für Führungskräfte. Hamburg 1986.

Dörner, Dietrich: Die Logik des Mißlingens. Hamburg 1989.

Elias, Norbert: Über die Zeit. Frankfurt 1985.

Eysenck, Hans Jürgen: Wege und Abwege der Psychologie. Reinbek 1962.

Fischer, Roger/Ury, William/Patton, Bruce: Das Harvard Konzept. Frankfurt 1992.

Fuchs, Jürgen: Manager, Menschen und Monarchen. Frankfurt/New York 1995.

Gordon, Thomas: Managerkonferenz. Hamburg 1982.

Hacker, Friedrich: Aggression, Die Brutalisierung der modernen Welt. Berlin 1988.

Hagemann, Gisel: Die Hohe Schule der Motivation. Landsberg (Lech) 1990.

Hehenberger, Christian: Die Zukunft fest im Griff. Wien 1995.

Heintel, Peter: Das ist Gruppendynamik. München 1974.

Hofer, Franz Josef: Umdenken im Management, Management des Umdenkens. Wenn das Ende der Beginn ist. In: *Geißler Harald. Umdenken im Management, Management des Umdenkens.* Frankfurt 1996.

Hofstätter, Peter R.: Gruppendynamik. Die Kritik der Massenpsychologie. Reinbek 1986.

Janis, Irving L.: Groupthink. Boston 1982.

Katzenbach, Jon R.: Teams – der Schlüssel zur Hochleistungsorganisation. Wien 1993.

Klebert, Karin/Schrader, Einhard/Straub, Walter G.: Kurz-Moderation. Anwendung der Moderationsmethode in Betrieb, Schule und Hochschule, Kirche und Politik, Sozialbereich und Familie bei Besprechungen und Präsentationen. Hamburg 1987.

Lay, Rupert: Führen durch das Wort. 8. Aufl. 1996, Berlin.

Luft, Joseph: Einführung in die Gruppendynamik. Frankfurt 1989.

Mees, Jan/Oefner-Dy, Stefan/Sünnemann, Karl-Otto: Projektmanagement in neuen Dimensionen. Wiesbaden 1995.

Moran, Linda/Musselwhite, Ed/Zenger, John H.: Effektives Team-Coaching. Teams managen und zum Erfolg führen. Düsseldorf/München (Econ) 1997.

Namokel, Herbert: Die moderierte Besprechung. Offenbach 1994.

National Geographic Research: Jhg. 1988, Heft 4.

Neuland, Michelle: Neuland-Moderation. Eichenzell 1995.

Pesendorfer, Bernhard: Organisationsdynamik. In: Schwarz, Gerhard u. a. (Hsg.) Gruppendynamik, Geschichte und Zukunft. Wien 1996.

Pitcher, Patricia: Das Führungsdrama. Künstler, Handwerker und Technokraten im Management. Stuttgart (Klett-Cotta) 1997.

Rattner, Josef: Gruppentherapie. Frankfurt 1973.

Ruge, Nina/Wachtel, Stefan (Hrsg.): Achtung Aufnahme! Erfolgsgeheimnisse prominenter Fernsehmoderatoren. Düsseldorf (Econ) 1997.

Schnelle, Wolfgang: Interaktionelles Lernen – Wandel in der Fortbildung. Quickborn 1978.

Schulz von Thun, Friedemann: Miteinander Reden: Störungen und Klärungen. Reinbek bei Hamburg 1981.

Schwertfeger, Bärbel/Lewandowski, Norbert: Die Körpersprache der Bosse. Düsseldorf/Wien/New York 1990.

Seifert, Josef W.: Visualisieren, Präsentieren, Moderieren. Offenbach 1989.

Senge, Peter M./Kleiner, Art/Smith, Bryan/Roberts, Charlotte/Ross, Richard: Das Fieldbook zur Fünften Disziplin. Stuttgart (Klett-Cotta) 1996.

Speck, Diete: Kommunikationstraining für den Alltag. Düsseldorf 1990.

Taylor, Max: Coverdale on Management. London 1965.

Wahren, Heinz-Kurt E.: Gruppen- und Teamarbeit in Unternehmen. Berlin/New York (de Gruyter) 1994.

Watzlawick, Paul: Wie wirklich ist die Wirklichkeit? 8. Auflage, München 1981.

Young, Arthur: Das Manager Handbuch. Düsseldorf/Wien/New York 1988.

Literatur-
empfehlungen

Zum raschen, ergänzenden Einlesen in diejenigen Bereiche der Moderation, die in diesem Buch nur angedeutet, aber nicht erschöpfend behandelt werden konnten, empfehlen wir nachstehende Bücher:

Bischof, Klaus: Jeder gewinnt. Die Methoden erfolgreicher Gesprächsführung. Praktische Hilfen für effiziente Besprechungen und Techniken zur Problemlösung. 3. Auflage. Planegg bei München (WRS Verlag Wirtschaft, Recht und Steuern) 1997, 190 Seiten.

Gordon, Thomas: Managerkonferenz. Hamburg (Hoffmann & Campe) 1982, 272 Seiten.

Lipp, Ulrich/Will, Hermann: Das große Workshop-Buch. Konzeption, Inszenierung und Moderation von Klausuren, Besprechungen und Seminaren. Weinheim-Basel (Beltz) 1996, 299 Seiten.

Namokel, Herbert: Die moderierte Besprechung. Offenbach (Jünger) 1994, 75 Seiten zzgl. Audio-Programm.

Schulz von Thun, Friedemann: Miteinander Reden. Störungen und Klärungen. Psychologie der zwischenmenschlichen Kommunikation. Reinbek bei Hamburg (rororo Sachbuch 7489) akt. Auflage 1996, 269 Seiten.

Seifert, Josef W.: Visualisieren, Präsentieren, Moderieren. 8. Auflage. Offenbach (Gabal) 1995, 166 Seiten.

Stichwortverzeichnis